BEIKIRCHER

„WO SIE JRAD SAGEN: BEIKIRCHER"

Bouvier Verlag · Bonn · 1995

Illustrationen: Anne Siering-Beikircher

Die Deutsche Bibliothek - CIP-Einheitsaufnahme

Beikircher, Konrad:
"Wo Sie jrad sagen: Beikircher" / Beikircher. [Ill.: Anne Siering-Beikircher]. - Bonn : Bouvier, 1995
ISBN 3-416-02590-3

 Printed in Germany. Satz: Bouvier Verlag. Druck und Einband: Druckerei Plump, Rheinbreitbach. Gedruckt auf säurefreiem Papier. Umschlaggestaltung: Anne Siering-Beikircher.

INHALT

Teil 1

GRUNDLAGEN RHEINISCHEN SEINS

Das rheinische Grundgesetz

Ja, es gibt es: das rheinische Grundgesetz. Es regelt seit Anbeginn der Zeiten unser Leben hier, macht es schwerelos und leicht und wäre überhaupt eine Anregung für alle Völker dieser Erde. Es besteht aus fünf Artikeln. Sie lauten:

Artikel 1:
Et es wie't es

Artikel 2:
Et kütt wie't kütt

Artikel 3:
Et hätt noch immer jot jejange

Artikel 4:
der rheinische Entsorgungsartikel
Wat fott es es fott

Und hier gibt es den berühmten Unterartikel 4a, der insbesondere in rheinischen Operationssälen am Wirken ist.

Dat es so. Ich meine: hat man ja schon mal der Fall, dat man operiert werden muß. Da wird man dann einjepinselt, grünes Mäntelchen drum erum, man wird also quasi waidgerecht aufbereitet, dann wird man auf der Hochsitz jehoben und ereinjefahren in der OP-Saal, wo dat Jägerteam mit dem Hirschfänger schon am Warten es. Jot. Jetzt wird man dann von den Spezialisten waidmännisch aufjebrochen, ne, und dann kütt der Moment vom Artikel 4a. Der Chirurg guckt einem in der Körper erein, um dann zu sagen:
Kenne mr nit, bruche mr nit, fott domet!

Artikel 5:
das rheinische Universalgesetz:
Wat soll dä Quatsch!

Versuchen Sie es! Sie werden sehen, wie gut es sich mit diesen fünf Artikeln leben läßt!

Die rheinische Grammatik als Weiterentwicklung der hochdeutschen am Beispiel der direkten, indirekten und „dreck-indirekten“ Rede

Es gibt viele Möglichkeiten, ein Gespräch wiederzugeben. Welche davon ich aber auch immer wähle, stets muß ich entscheiden, ob ich in eigener Rede wiedergebe, was Menschen gesagt haben oder ob ich sie mit ihren Worten zitiere, sie also quasi auftreten und sprechen lasse. Dies ist die hohe Schule der direkten und indirekten Rede.

Zwei Mann *sind sich am begegnen.* Der eine sagt: *„Tach!“*, der andere antwortet: *„Tach!“*. Das ist sozusagen direkte Rede.

Die indirekte Rede ist da schon erheblich personalintensiver, denn sie setzt voraus, daß ein Dritter beobachtet hat, daß zwei Mann *einander am begegnen waren,* wobei der eine *„Tach!“* gesagt und der andere *„Tach!“* geantwortet habe und daß dieser Dritte es einem Vierten weitergeben will, wobei die Frage, ob dieser kleine Dialog den Vierten tatsächlich interessiert oder nicht, hier nicht von Belang ist. Und schon sind wir mitten im Schlamassel der indirekten Rede.

Wenn einer im Hochdeutschen die indirekte Rede beherrschen möchte, muß er zwei Voraussetzungen erfüllen: er muß extrem konjunktivsicher sein und er muß zu diesen Rittern der Zeitenfolge gehören, denen immer klar ist, was ist, was war, was gewesen ist und was gewesen sein wird. Nun gut, was wird schon gewesen sein!

Die rheinische Grammatik hat schon vor Jahrmillionen erkannt, welchen Weg die hochdeutsche Grammatik einschlagen wird, hat damals schon gesagt: *„Nicht mit mir“* (gem. Art. 5 rhein. Grundgesetz: Wat soll dä Quatsch!) und hat einen eigenen Weg gefunden, die „dreck-indirekte Rede“.

Bevor wir uns aber die Schönheiten dieses rheinischen Weges bei der Wiedergabe von Fremdgesprächen anschauen, sollten wir einen Blick auf die Verwirrungen werfen, welche die hochdeutsche Grammatik im Kopf desjenigen anzustiften in der Lage ist, der ein Gespräch korrekt durch alle Zeiten in indirekter oder direkter Rede wiedergeben möchte.

Nehmen wir doch als „Ausgangslage“ einen stinknormalen kleinen Alltagsdialog zwischen zwei jungen Menschen.

Sie: Willst Du mich heiraten?

Er: Oh! Da bitte ich aber um ein paar Tage Bedenkzeit.

Sie: Schade! Damit hast Du bewiesen, daß Du doch nicht der Richtige für mich bist!

Ein ganz einfacher Dialog, ein ganz einfaches Beispiel aus dem Alltag.

Fangen wir also auch ganz einfach an.

Wenn wir den ersten Satz durch die Zeiten jagen, muß das in der direkten Rede erstmal in jedem Fall durch einen Doppelpunkt, dann Gänsefüßchen unten, Ton hochziehen und Gänsefüßchen oben gekennzeichnet sein, und egal, was vor dem Doppelpunkt für eine Zeit ist, hat die direkte Rede in der Gegenwart zu erfolgen.

Also:

Sie fragt: „Willst Du mich heiraten?“
Sie fragte: „Willst Du mich heiraten?“
Sie wird fragen: „Willst Du mich heiraten?“
Sie hat gefragt: „Willst Du mich heiraten?“
Sie hatte gefragt: „Willst Du mich heiraten?“
Sie wird gefragt haben: „Willst Du mich heiraten?“

(offenbar, weil sie nicht wußte, daß er schon seit Jahren verheiratet ist!). Normal.

In der indirekten Rede haben wir - bezogen auf diesen ersten Satz - „derselbe“ Fall: egal, in welcher Zeit ich diesen Satz wiederzugeben vorhabe, ihn selbst muß ich in die Möglichkeitsform der Gegenwart setzen.
Also:

Sie fragt, ob er willens sei, sie zu heiraten
Sie fragte, ob er willens sei, sie zu heiraten
Sie wird fragen, ob er willens sei, …
Sie hat gefragt, ob er willens sei, …
Sie hatte gefragt, ob er willens sei, ..
Sie wird gefragt haben, ob er willens sei, sie zu heiraten (da war er aber schon in Bad Honnef, oder warten Sie bei einem Heiratsantrag erst die ganze Zeitenfolge ab?!).

So weit, so gut. Alles bleibt in der Gegenwart, weil man in diesem Stadium des Dialogs noch nicht weiß, wußte oder wissen wird, ob und wenn ja, wie et wiggerjeiht.

Wenn man aber weiß, *wie et wiggerjeiht oder wiggerjejange es, fängk et an, komplezeet ze weede.*
Indirekte Rede hochdeutsch! Der Gesamtdialog aus unserem Beispiel wäre folgendermaßen zu übertragen:

Auf die Frage, ob er willens sei, sie zu heiraten, habe er, nachdem er etwas erschrocken sei, sich ein paar Tage Bedenkzeit ausgebeten, was sie dazu veranlaßt habe, bedauernd zu äußern, daß er damit bewiesen habe, nicht der Richtige für sie zu sein.

Gut, klare indirekte Rede, fertig. Nur: so spricht natürlich kein Schwein! Dennoch: bei dieser Formulierung in indirekter Rede läßt der Erzähler keinen Zweifel daran, daß sich der Dialog genau so abgespielt hat, wie er es berichtet.

Nun kann der Erzähler aber Zweifel anmelden und zwar in mehreren Richtungen: er kann bezweifeln, ob sich der Dialog tatsächlich so abgespielt hat oder er kann Zweifel an dem ausdrücken, was sie gesagt hat oder er kann Zweifel anmelden, an dem, wat dä do von sich jejowwe hätt. Je nachdem, woran er zu zweifeln ausdrücken möchte, muß er den Satzbau ändern oder unterschiedliche Konjunktive setzen und da sind wir dann mitten im Dschungel des Hochdeutschen, in dem Schlingpflanzen und Wortformkrokodile einem eine Falle nach der anderen stellen.

Ich sage nur: Plusquamperfekt Konjunktiv! Oder, noch schöner: Möglichkeitsform der Vorvergangenheit. Da muß ich sagen: bis jetzt dachte ich immer, daß die Vergangenheit dadurch, daß sie gewesen ist, keine Möglichkeiten mehr beinhalten kann. Für die Deutschen IST der Krieg verloren und deshalb hätte er niemals nicht verloren sein können. Klar? Sicher, aber für die deutsche Grammatik ist das wohl anders. *Jot.*

Zweifelt er also an ihr, wird er formulieren müssen:

Auf ihre Frage, ob er willens WÄRE, sie zu heiraten, habe er, nachdem er etwas erschrocken sei, sich ein paar Tage Bedenkzeit ausgebeten, was sie dazu veranlaßt HÄTTE, bedauernd zu äußern, daß er damit bewiesen habe, nicht der Richtige zu sein.

Zweifelt er an ihm, wird er formulieren müssen:

Auf ihre Frage, ob er willens sei, sie zu heiraten, HÄTTE er, nachdem er etwas erschrocken WÄRE, sich ein paar Tage Bedenkzeit ausgebeten, was sie dazu veranlaßt habe, bedauernd zu äußern, daß er damit bewiesen HÄTTE, nicht der Richtige für sie zu sein.

Ist der Erzähler sich allerdings des ganzen Geschehnisses nicht mehr so ganz sicher, weil das vielleicht 27 Jahre her ist und somit unter die Rubrik *„Man weiß et nit jenau“* fällt, und möchte er, der Lauterkeit halber, daran Zweifel deutlich werden lassen, müßte er formulieren:

Ob sie allerdings gefragt habe, ob er willens sei, sie zu heiraten, und er, nachdem er etwas erschrocken sei, sich ein paar Tage Bedenkzeit ausgebeten habe, was sie dazu veranlaßt habe, bedauernd zu äußern, daß er damit bewiesen habe, nicht der Richtige für sie zu sein, wisse er nicht mehr genau.

Und nun können wir das mit dem Irrealis, Potentialis, Konditionalis und wie die schönen Ungeheuer der hochdeutschen Grammatik alle heißen, mischen und kommen zu folgenden wunderschönen Gebilden, kommen also quasi zum Schleudergang indirekte Rede:

Hätte sie allerdings gefragt, ob er willens wäre, sie zu heiraten, hätte er sich sicher, nachdem er etwas erschrocken wäre, ein paar Tage Bedenkzeit ausgebeten, was sie möglicherweise veranlaßt hätte, bedauernd zu äußern, daß er damit bewiesen hätte, nicht der Richtige für sie zu sein.

Sollte sie aber tatsächlich fragen, ob er willens sei, sie zu heiraten, bitte er sich sicher, nachdem er etwas erschrocken sei, ein paar Tage Bedenkzeit aus, was sie allerdings dazu veranlassen könnte (bzw.: veranlassen würde können!!), bedauernd zu äußern, daß er damit beweise, nicht der Richtige für sie zu sein.

Wird sie ihn also gefragt haben, ob er willens sei, sie zu heiraten, wo er doch sicher, nachdem er etwas erschrocken wäre, sich ein paar Tage Bedenkzeit würde ausgebeten haben, was sie dazu veranlaßt hätte haben können, bedauernd zu äußern, daß er damit bewiesen hätte, nicht der Richtige für Sie zu sein?

Bedenke man dies alles, werde er wohl auf ihre Frage, ob er willens sei, sie zu heiraten, nachdem er etwas erschrocken wäre, sich ein paar Tage Bedenkzeit ausgebeten haben, was sie möglicherweise dazu veranlaßt würde haben können, bedauernd zu äußern, daß er damit bewiesen hätte, nicht der Richtige für sie zu sein.

Wäre allerdings ich gefragt worden, ob ich willens sei, sie zu heiraten, wäre ich weder erschrocken noch hätte ich mir ein paar Tage Bedenkzeit ausgebeten,weshalb sie sich auch nicht dazu hätte veranlaßt sehen müssen, bedauernd festzustellen, daß ich damit bewiesen hätte, nicht der Richtige für sie zu sein!

Und jetzt mal im Ernst: glauben Sie, daß da unser Kanzler jemals wird durchsteigen können?

Wollte man also den Versuch unternehmen, in korrektem Hochdeutsch einen kleinen Dialog in indirekter Rede wiederzugeben und obendrein noch die eigene Stellungnahme dazu durchschimmern zu lassen, man verlöre sich unweigerlich in den Schlingen und Fallstricken der deutschen Sprache.

Jetzt fehlt natürlich nur noch, daß sie nach ein paar Tagen ihn wieder getroffen hätte und ihn dabei gefragt hätte: „Wärest Du willens gewesen, mich zu heiraten, wenn ich Dir ein paar Tage Bedenkzeit gegeben hätte?“. Hausaufgabe: das nun in alle Formen der indirekten Rede zu bringen. Immerhin: Ein Vorhaben, das in Angriff zu nehmen hätte versucht werden können. Und dann die Kugel!! Oder bei Thomas Mann nachgucken.

Wie wunderbar dagegen die rheinische Grammatik! Sie hat den dritten Weg erfunden, ein Gespräch wiederzugeben.

Dieser dritte Weg ist eine geniale Mischung aus objektiver Schilderung des Sachverhalts in indirekter Rede, *weil man aber dat jo einem am verzälle es, kütt die direkte Rede mit dabei und weil man sich övver dat, wat man do am verzälle es, och sing eijene Jedanke am maache es, es dä innere Monolog och mit ereinjepack!* Und das ist die legendäre „dreckindirekte" Rede.

Vertrackter scheint *et nit mieh ze jon*, aber Sie werden sehen, wie einfach plötzlich alles wird, wenn man den Rheinländer zu Wort kommen läßt. Und natürlich kommt noch dabei, daß der Rheinländer sich mit einer so unschmucken Ein-Satz-Erzählung niemals wird zufriedenjeben können.Er könnte zwar sagen:

Un wie dat dä jefrog hät, ob er et dann hierode dät, hät dä nohm iezte Schrecke für ei paar Daach für dröwwer nohzedenke jefrog, wodrop et jesaat hät, dat dat schad wör un dat he domet dä Beweis erbrunge hät, dat he nit dä Richtije für et sin dät. Oder: nit dä Richtije wör.

So wird es aber, wie jesagt, der Rheinländer nie formulieren. Er wird die Gelegenheit beim Schopfe packen und ein Epos daraus schmieden. Zum Beispiel:

Jo un stellensvür: do es dat hinjejange un sät für demm: [direkte Rede] *Hürens, sät et, wie wör et dann, wenn Du mich ens hierode däts? Stellensvür: dat sät dat für demm! Wie, sät dä, hierode? Hierode, sät et. Oder wör dat nix? Wat en Frog, ne.* [innerer Monolog] *Dä daacht natürlich dreck en demm*

Moment: Paß op Jong, jetz es et esu wigg! Saach um Jottes Wille nix! Ei falsch Wort, un Du bess jeliefert, ne. Klar. Dät ich jo och. Schmein: es jo och en Hammer esu en Frog, ne. Un wie dä jrad dobei wor, dä iezte Schrecke ze verdaue, hätt dä bei sich jedaach: et best, wat de jetz kanns, es: Zick jewinne, un säht für et: Paß op! säht he, dat es esu, [indirekte Rede] *he dät do noch jet Zick bruche für ze övverläje un hin un her, ne, weil, sät he, wer hierode will, muß Brut schnigge künne, sät he, dat jeiht nit esu einfach: flüg dä Ring an die Fingere und fädich es der Fall! Un wat meins Du dann, wat et dodrop jesat hät? Ich sage Dir, do küsste nit drop. Do hätt dat janz drüch für demm jesaat, dat dat zwar schad wör, dat et evver dodran sin künnt, dat hä em Levve nit dä Richtije für et wör. Sät dat für demm. Un wat wor? Fott wor et! Kannste Dr dat ens vürstelle? Also do kann ich nur sage: hät dat mich jefrog, ob ich et hierode tät, weiße, wat ich demm jesat hät? Du kanns mir dä Mai piefe, dat hätt ich demm jesat!"*

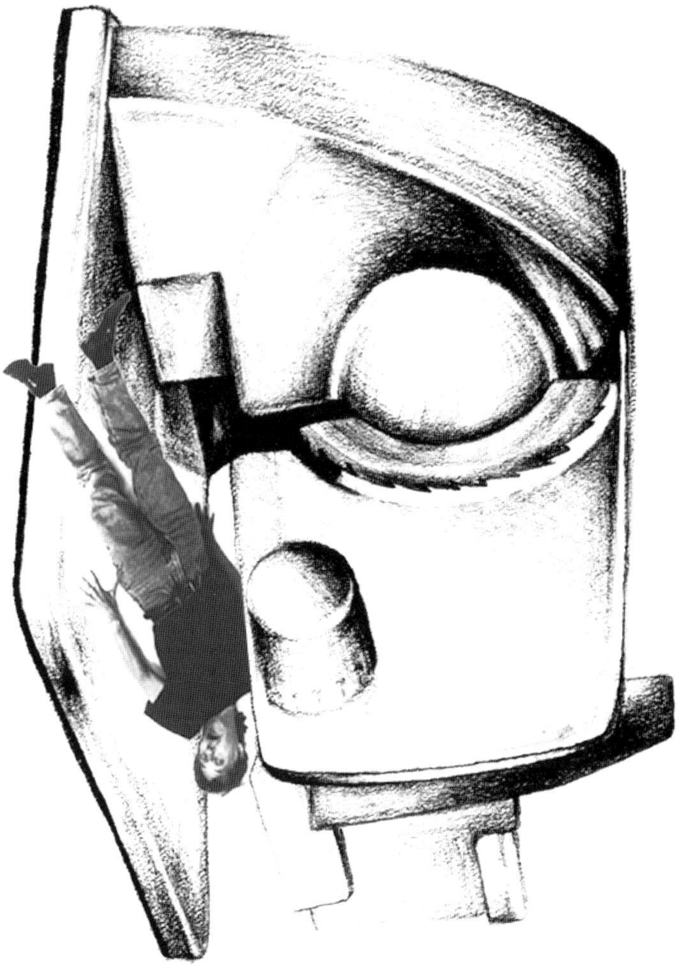

Die ethisch-religiöse Basis rheinischen So-Seins oder der Sofort-Versöhner

Ich hatte ja schon des öfteren die Gelegenheit, andeuten zu dürfen, dat der Rheinländer ein durch und durch positiver Mensch ist. Sie erinnern sich sicher: der Rheinländer kann nicht nein sagen, nicht wirklich. Ich meine: *nee, nee, nee, dat jo, ewwer richtig nein: nee.*

Wobei schon interessant ist, wie unterschiedlich sich die Fähigkeit, Ja oder Nein zu sagen, unter den deutschen Zungen verteilt.

Der Schwabe zum Beispiel hat eine Zwischenform entwickelt: das finanzielle Ablenkungsmanöver. Tusse dem einen Auftrag erteilen, dann tut der erstmal weder ja noch nein sagen, er weist einen auf die finanziellen Risiken dieses Auftrags hin. Er ist ja der einzige Mensch auf der Welt, der mit einem satten Kontostand auf die Welt kommt, dementsprechend teilt er die Menschheit in zwei Gruppen ein: Soll (und das ist der größte Teil) und Haben (was sich eben nur auf Schwaben reimt!). Sagt man dem Schwaben also:

„Tusse mir dat un dat maache, in 14 Tagen kummen ich vorbei un hollen et av“, antwortet er bedächtig:

„Ja, des koschtet aber!“.

Allerdings: sagt er dann zu, *dat er't macht, kann man sich drop verlosse: nach 14 Tagen es dat Teil fertig,* man kann hinfahren und es abholen. Einerseits sehr überraschend - aus rheinischer Sicht, andererseits aber: wenn ich heute schon weiß, was in 14 Tagen sein wird, das ist doch kein Leben, oder?!

Jot.

Der Hesse - um einen anderen „Fall“ kurz zu beleuchten - wird erstmal sofort der Auftrag annehmen, weil dat die schnellste Möglichkeit ist, jemanden wieder loszuwerden.

„Ei sicher, des mache mer, des is überhaupts kaa Problem, des is praktisch schon erledigt, ich maan, da simme ja richtiggehend spezialisiert, gell, ja, rufe Se doch in aan, zwaa Woche widde an, dann is des feddisch!“.

Dann kommt der Auftrag in die Hessen-Ablage, also in den Papierkorb. Ruft man aber nach 14 Tagen an, kann man seine Überraschung erleben, weil: der Hesse freut sich! Selbst wenn er nichts erledigt hat.

„Ja, Tach, ich wollte mal fragen, ob dat Dingen fertig ist“.

„Ach DES wars, ei horche Se mal, die ganz Zeit hab ich scho so e Gfühl ghabt, des wars, klar, natürlich, ei da bin ich awwe froh, daß Sie nochmal aagrufe hawwe, weil: ich hätt des ja sonst glatt vergesse! Wisse Sie was? Jetzt rufe Sie uns doch in drei Woche nochmal an, dann is des sicher soweit, gell. Und vielen Dank nochmal, gell. Ei des is awwe aach …!“

Also, wie soll ich sage: *bisse machtlos.*

Und dann der positive Rheinländer!

Erteilt man ihm einen Auftrag und hat er ihn natürlich nicht erledigt, wird er nie sagen: „Das hab ich nicht erledigt!“, weil das so negativ klingt, furchtbar! Er wird es immer positiv formulieren: *„Dat wollt ich dieser Tare noch erledigt haben!“.*

Das ist das Geheimnis rheinischer Absichtserklärungen. Überall sonst auf der Welt kann man eine Absichtserklärung ausschließlich in die Zukunft abgeben: „Das werde ich erledigen“ oder „Das habe ich vor zu tun“ etc. Nicht so im Rheinland. Er kann auch Absichtserklärungen in die Vergangenheit abgeben: „Das wollt ich dieser Tage noch erledigt haben!“.

Warum? Weil er der Herrscher über Raum und Zeit ist, darum!

Und an dieser Stelle sollten wir uns Gedanken darüber machen, woher dieses vollkommen Positive im Rheinländer kommt, das so stark ist, daß er nicht Nein sagen kann.
Dat is, wie soll ich sagen, also:
dat es so

Seit Menschengedenken jitt et dat Positive un dat Negative, dat Richtije un dat Falsche, dat Jote un dat Böse.

Jetzt will ich nicht darauf raus, daß das Gute das Böse ist, das man unterlassen hat oder so Klugheiten, *nee, nee, ich will dadrauf eraus*, daß der Rheinländer durch und durch gut ist, was man daran sieht, wie er mit den Wörtern in diesem Bereich umgeht. Er ist nämlich so gut, daß er einen Zustand, der nicht gut ist, geradezu als nicht real, als nicht wirklich ansieht. Also quasi als falsch.

Z.B. hat man ja schon mal der Fall, *dat man esu in Wut jerät, dat dat eraus muß*. Und? Wat sagt da der Rheinländer?

„Do wood dat richtig falsch!"

Richtig! Und warum sagt er dat? Weil Wut ein Zustand ist, der so schlecht, so unrheinisch ist, daß es geradezu ein falscher Zustand sein muß. So es dat!

Und da ist der Rheinländer penibel genau. Das geht so weit, daß er zu Sätzen kommen kann wie:

„Hä wor esu falsch, dat hä sich nit mieh kannt!"

Wie weit muß es einen da jetrieben haben.

Und er hat feinsinnige Unterscheidungen eingebaut, um Mißverständnisse mit diesem Sinn des Wortes falsch zu vermeiden.

Z.B.

Kostümkontrolle bei den roten Funken vor dem Auftritt. Penibel genau wird kontrolliert. Die Funken stehen in Einer-

Reihe vor dem Offizier. Der wirft auf jede Uniform einen Blick und sagt dann routinemäßig:

„Du bes richtig.
Du bes richtig.
Du bes och richtig.
Du bes falsch …"
„Wie falsch?" säht dä, „ich hab doch nix jesagt!"
„Sicher bes Du falsch, lurens do, die Uniform…"
„Ah, Du meins, ich wör nit richtig! Jo sicher, dat es jet anderes, dat es, weil ming Frau verjesse hät, dat Teil ze büjele …".

Also: *dat Jejenteil von „richtig" ist nicht „falsch" sondern richtigerweise „nicht richtig". Fertig.*

Und da versteht man jetzt plötzlich genauer oder tiefer, wie weit das mit dem Positiven im Rheinländer geht. Der Rheinländer ist nämlich, könnte man sagen, quasi Ur-christ, ganz im Geiste der Bergpredigt. Er ist Sofort-Versöhner.

Das heißt: im Streitfall wird er immer nach einer versöhnlichen Alternative suchen, ganz im Sinne von: *„Wer Dir links eine scheuert, kann et och rechts versööke!".*

Jot, er kann einem natürlich *sing Meinung vür der Hals knalle, normal, er kann sich och zänke, och normal, ewwer bevür he dä Streit esu richtig huhkumme läßt, luurt he sich noh Alternativen öm.*

Zum Beispiel.

Eine rheinische Wirtschaft. Rappelsvoll. Schön. Plötzlich fangen zwei Streithähne an, sich aufzuplustern. Sie pumpen sich hoch wie Maikäfer vor dem Abheben, so nach dem Motto:

„Weiß Du, wat Du für mich bes…?"
„Dat bes Du für mich at lang, Du…!".

Alles freut sich, weil: jilich jeiht et los. Die Profis stellen sich schon mal steckum an die Theke und raunen dem Wirt zu:

„Tusse mir zwei Kölsch op dr Deckel vun demm do...!", normal.

Die beiden kochen immer weiter hoch, da fällt plötzlich dem einen eine schöne, christliche Alternative ein, und er sagt zum anderen:

„Bevür ich mich met Dir zänke, kann ich mich och dreck met Dir vertrage, Du!".

Und zwei Kölsch und der Fisch ist gegessen!

Schöner, christlicher und versöhnlicher kann man einen anderen nicht fertigmachen, oder?!

Das rheinische Weltmodell oder die relativistische Mechanik ($E = cm^2$)

Es gibt Völker, die nehmen die Dinge und die Welt fatalistisch hin, *Kismet es esu eine Fall, wat willse maache, alles es vürbestimmp un Schicksal, do määäße nüß dran. Jot. Oder nit, ejal, je nohdemm, wie einer dat süht.*

Der Rheinländer ist nicht so. Nicht daß er sich für den Herrn der Welt hielte, der über die Dinge bestimmt, wie der wilhelminische Preuße, an dessen Wesen die Welt genesen sollte, nein, er hat eine beinahe treuherzig handwerklich-mechanistische Sicht dessen, wie das Leben und die Welt funktioniert. Er sieht die Welt als ein riesiges Uhrwerk an, das im Prinzip jeder verstehen und durchschauen kann, wenn er nur will oder sich wat Zeit nimmt. Er weiß, daß die Welt sich verändert, er weiß aber auch, daß im Grunde alles gleich bleibt.

Wie bei einer Uhr: sie ist immer in Bewegung, bleibt aber eine Uhr. Wo der Buddhist keinen Durchblick hat und deshalb alles gelassen hinnimmt, wo der Mohammedaner denkt, *dat ejal wat kütt alles festjeschrieben steht im Buch der Bücher*, wo der Indianer denk: *„mieh als wies Wind un Rään jitt et suwiesu nit“ un wo der streng normale Jlauben sich Sonndaach für Sonndaach vum Meisner erkläre läßt, dat die Welt schlääch es, ewwer hück esu und morje esu,* sagt sich der Rheinländer: *wenn jet nit klapp, muße gucken, wodran et liegt, dann driehße draan, dann klappet.* Und das ist das zentrale rheinische Welterklärungswort: dran drehen.

„Do hätt sicher einer dran jedrieht“ sagt der Rheinländer, wenn sich das Geschick gegen ihn stellt.

Will er das Schicksal herausfordern, sagt er:“Da müßte einer mal dran drehen“.

„Ich muß mal gucken, ob dadran wat zu drehen ist“, sagt er gönnerhaft, wenn er einem helfen möchte.

Drehen ist Bewegung, Bewegung ist Leben und Stillstand ist Tod. Die Weltuhr muß ticken und wenn sie nicht mehr tickt, muß man dran drehen, *domet et wiggerjeiht.* Er kann nicht glauben, weil er es nicht glauben will, daß die Dinge manchmal so bleiben, wie sie sind.

Das ist der rheinische Stolz: zu wissen, daß man sich das Leben gefügig machen kann, wenn man nur an der richtigen Stelle dreht. Das gibt Zuversicht und Kraft, *och wenn et ens dick kütt. Un dick kann et nur kommen, weil do at widder einer dran jedrieht hät,* weshalb jeder Rheinländer ständig *am gucken es, dat he dä richtije Drieh kritt!*

Die rheinische Erziehung und ihre Folgen

Theoretischer Überbau und Praxis

Der rheinische Mensch ist streng antiautoritär ausgerichtet. Er mißtraut allem, was gehoben oder autoritär daherkommt, er hat eine feine Nase für Aufgeblasenheit.

Hier z.B.: da wird einer PRÄSIDENT! *Wat weiß ich: Schützenbruderschaft Kessenich oder so.* Sein Anzug schwillt um mindestens fünf Nummern und aufgeblasen schwebt er durch die Lande. Da ist doch kein Rheinländer, den es nicht in den Fingern juckte, reinzustechen, um zu sehen, ob da nur heiße Luft ist oder *„ob do jet dran es"!*

Das ist, weil der Rheinländer „chromosomonal" antiautoritär ist. Er ist Autoritäten gegenüber ungeheuer sensibel und läßt sie nicht ungestraft, wenn sie meinen, ihn schurigeln zu können. Dafür das schönste Beispiel, eine wahre Begebenheit, die sich am Pfingstsonntag 1995 im Kölner Dom zugetragen hat.

Es wird ein großes Hochamt zelebriert. Natürlich ist der Dom rappelvoll. Damit es ein würdiges Ereignis nicht nur im liturgischen Sinn wird, führt man die c-moll Messe von W.A.Mozart auf. Mit Chor, Orchester und Solisten und sogar eine Dirigent es dabei! Die streichen sich die Ärm vom Körper und singen sich die Gurgel aus dem Hals und als der letzte Akkord verklingt, kommt gemessener Applaus auf. *Jot,* da waren keine konzerterfahrenen Kölner dabei (der Kölsche geht überall hin beten, aber NIEMALS in den Kölner Dom, Hohe Straße Nr. 4, weil der seit Napoleon eine Hausnummer hat), sondern nur Bergheimer, aber dennoch: Applaus. Unser hochverehrter Kardinal Meisner stürmt ans Mikrophon und verbittet sich diesen Applaus, er entspräche nicht der Würde des Gotteshauses und derlei mehr. Der Kardinal tritt vom

Mikrophon zurück, zwei Sekunden Generalpause und dann: donnernder Applaus aus allen Schiffen des Doms! Das ist das Verhältnis des Rheinländers zur Autorität.

Nun fragt man sich natürlich (oder auf schön hochrheinisch: frägt man sich), woher kommt denn dieses Antiautoritäre? Und da kann ich nur sagen: das fängt schon bei der Erziehung der Kinder an. Wo andere zupacken oder, auch schon mal körperlich, führend und lenkend eingreifen, hält sich der Rheinländer ganz zurück. Er hat die Erkenntnis gewonnen, daß man Kinder ihre eigenen Erfahrungen machen lassen muß, wenn man sie zu kritischen, selbstbewußten, antiautoritären Menschen erziehen möchte. Er erzieht „chromosomonal" antiautoritär und braucht dafür kein Lehrbuch, wie z.B. Alexander O'Neill's „Grüne Wolke" (*'simmer he en Leverkusen oder wat?'*).

Soweit der theoretische Überbau. Schauen wir doch mal, wie das in der Praxis aussieht:

Mittagessen. Alle sitzen am Tisch, der Kleinste, gerade mal ein Jahr alt, sitzt natürlich nicht am Tisch wie die anderen, wär ja Quatsch, da müßte er ja mit den Ärmchen überm Kopf essen, nein, er sitzt in einer dieser genialen Erfindungen aus Simmerath in der Eifel, die der Menschheit schon großen Segen gebracht haben: im Bonsai-Hochsitz, der in der Eifel zur Karnickelbeobachtung eingesetzt wird. Kennen Sie ja, die Teile: 1 m 2o hoch, Balusträdchen drumherum. Jetzt nehmen wir mal an, es gibt Spinat. Da hat der Kleine schnell gegessen: ein Löffel rein, fünf raus, fertig ist die Laube. Und schon haben wir den Erziehungsklassiker vor uns, weil: jetzt steht der Kleine auf. Es kommt Panik auf: Um Gottes Willen, was ist, wenn er herausfällt? Man kennt das ja: tatü tataa ab in die Kinderklinik. Jeder Nichtrheinländer würde spätestens jetzt zum Kleinen stürzen, ihn halten oder sonstwie direktiv eingreifen. Wozu der Rheinländer nur sagen würde: *„Dat es jo Quatsch! Wie soll dä Klein do liere, wat Schwerkraft es?“* Er bleibt also seelenruhig sitzen. Und erst im letzten Moment, wenn der Kleine schon mit den Armen rudert, bleibt er immer noch sitzen, weist aber - antiautoritär - das Kind auf die Konsequenzen seines Tuns hin indem er laut, sehr laut, zum Kleinen sagt:

„Gleich fällst Du!“.

Und, Sie werden lachen: es funktioniert!

Das freie Kind

Die antiautoritäre Erziehung, die der rheinische Mensch genießt, hat natürlich Folgen; dieser Baum trägt Früchte, eine schöner als die andere.

Eine der schönsten ist das freie und unbefangene Verhältnis, das rheinische Kinder zu Erwachsenen haben. Nirgendwo sonst ist das so. Nehmen wir doch als Beispiel eine alte, ehrwürdige kölsche Geschichte, wie geschaffen zu diesem Thema.

In Köln ist es am regnen, *wat heißt he rääne, et es am pläästere wie Sau*. Folge: Die Straßenbahn ist rappelvoll. Auf einem der Sitzplätze am Fenster sitzt eine kölsche Panz, zehn Jahre alt. *Er luurt om Finster erus, es sich dä Rään am beluure* und freut sich des Lebens. Stehenderweise baut sich neben ihm eine rheinische Matrone auf. Sie steht! Und wie sie steht. Sie mutiert langsam vom Menschen zum Doppelkegel, der Hals schwillt bis zur Südstadt. Zwei Haltestellen lang schaut sie sich das Spiel an. Dann schließlich raunzt sie den Kleinen an:

„Hürens, wills Du nit opston?“

Und da sagt der Kleine in all der antiautoritären Unbefangenheit, die nur rheinischen Kindern zu eigen ist:

„Dä Trick, dä kenn ich. Dann setzen Sie sich hehin!“.

Das Prinzip der Befehlsverstärkung

Eine weitere Konsequenz aus der antiautoritären Erziehung ist das besondere Verhältnis des Rheinländers zu Befehlen. Wenn er schon befiehlt, dann muß er das in ganz besonderem Maße tun, weil er weiß, daß der, dem er befehlen will, antiautoritär erzogen wurde, falls er auch Rheinländer ist, mit dem Ausführen von Befehlen also nicht das mindeste am Hut hat.

Dieses Problem hat die rheinische Grammatik vor Jahrmillionen erkannt und die geniale Idee der Befehlsverstärkung entwickelt. Sie hat zunächst die zwei einfachen Tätigkeitswörter machen und tuen (*maache un don*) getrennt, indem sie ihnen unterschiedliche Arbeitsbereiche zugeordnet hat.

Beispiel:

Man kann auf der einfachen Befehlsebene sagen: *„Don dat!"*. Man kann auch sagen: *„Maach vüran!"*. NIEMALS aber könnte man sagen: *„Don vüran!"*. Kein Mensch weiß, wieso, aber es geht nicht. Gut, es klingt auch ein bißchen wie spanischer Adel: *„Oh, do kütt Don Vüran!"*.

Man kann aber *„Don vüran"* deshalb nicht sagen, weil das Wort *„vüran"* eng an das Wort *„maach"* gekoppelt ist, dieses ist aber sprachlich zum Befehlsverstärker befördert worden, hat also höhere Aufgaben zu bewältigen als das Wörtchen *„don"*.

Es gibt zwei Verstärkerstufen mit Hilfe des Wörtchens *„maach"*.

Beispiel für Stufe 1:

Einer labert dem anderen das Ohr voll. Der sagt verärgert:

„Jang mr doch fott met dem Driß!"

Unbeirrt erzählt der andere weiter. Da greift das Opfer zur Verstärkung:

„Maach, dat de fottküß han ich jesaat!"

Das funktioniert meistens. Sollte es nicht funktionieren, muß man zur nächsten Stufe greifen.

Verstärkerstufe 2 ist die Verneinung:

Ein Kind kommt von der Schule nach Hause, *die Mamm hätt wärm jekoch, et weed jejesse un schön jespachtelt un jetzt soll dä Panz die Hausaufjaben* machen. Das Kind hat natürlich zu

allem Lust, nur nicht dazu. Es breitet langsam all das auf dem Tisch aus, was es zum Hausaufgabenmachen braucht: Buch, Heft, was zu schreiben, Game boy ... Und träumt vor sich hin. Die Mutter versucht, es nun zu motivieren - auf der einfachen Befehlsebene:

„Och Liebche, don Dich doch jet beiele!“.

Ob in China der berühmte Sack Reis umfällt oder die Mutter ermahnt - ejal. Das Kind träumt weiter vor sich hin. Nun greift die Mutter zur ersten Verstärkerstufe:

„Maach, dat et jedon kriss!“.

Dä Klein, dä denk nur: Effenberg! und zeigt dä Mittelfinger.

Da greift die Mutter zur zweiten Stufe, der Verneinung, indem sie sagt:

„Maach nit, dat de eine jescheuert krieß!“.

Da läuft die Sache, aber hallo!

Den Abschluß dieser Verstärkerorgie bildet ein Satz, der zu meinen erklärten absurden Favoriten gehört, nämlich das unglaubliche Gebilde:

„Maach, dat et sin läßt!“.

Das Prinzip des Antiautoritären am Beispiel des Satzes: „...und ich sage noch!“.

Die dritte Frucht am Baum rheinisch-antiautoritären Wesens ist der berühmte Satz *„Und ich sage noch!“*, der natürlich nicht einer Haltung des Sich-Heraushaltens entspringt, sondern dem antiautoritären Bedürfnis, eben nicht in fremdes Leben gewaltsam ereinpacken zu wollen.

Beispiel.

Do küste ovends noh Hus, die Pänz springe dir entjäje und eins davon hätt en Riesenbeul am Kopp.

„Um Jotteswille" frägste do, „wat es dann do passeet? Dat es jo ei Roiesendingen es dat jo!"

„Jo" säht de Mamm, „dä es die Trepp nohm Keller eravjefalle!"

„Dä es die Trepp nohm Keller eravjefalle? Um Jottes Wille, wie kunnt dat dann passeere?"

„Hück nommedaach: Mir wollten wat nohm Spillplatz, ich denne Pänz die Jacke anjetrocke, Düür op un mir eraus. Nur: dä Klein wor jet schneller als mir und lööf dreck noh der Trepp, die nohm Keller jeiht"

„Jo, und konntst Du do net dozwesche jon?"

„Sin ich jo! Ich sin dä Klein do an dr Trepp ston, UND ICH SAGE NOCH: GLEICH FÄLLST DU - DO WOR ET SCHON PASSEET!"

Das *„... und ich sage noch"* - Prinzip des Rheinländers ist Legende. Zum Beispiel auch im Alltag:

„Und ich sage noch: paß op, jilich es se fott, die Bahn - un do wor se fott!".

Am häufigsten aber begegnen wir diesem Satz in rheinischen Gerichtsverhandlungen.

Jeder bodenständige Richter kann Bände über diesen Satz erzählen. Da, bei den Gerichten, ist er sogar eine Art von Beweisführung. Dummerweise ein Beweis, den nur der Sprechende selbst bestätigen kann, *un dat es, wir mr weiß, jet winnig.* Aber das *„... und ich sage noch"* verleiht einer Aussage die scheinbare Bedeutung des Objektiven.

Hier.

Gerichtsverhandlung. Dem jugendlichen Angeklagten wird schwere Körperverletzung vorgeworfen. Er soll vor einer Bonner Gaststätte seinen jüngeren Bruder krankenhausreif zusammengeschlagen haben. Ein Zeuge wird vernommen.

„Also, Herr Dingenskirchen, Sie standen nun mit dem Angeklagten und dessen Bruder vor der Gaststätte ..."

„Gaststätte es jot, dat wor en Weetschaff, hier: vür'm Kahle Büjeliese wor dat"

„Ja sicher, vor dem kalten Bügeleisen. Nun also, erzählen Sie dem Gericht doch mal, was Sie da beobachten konnten"

„Ja also beobachten, Hohes Jericht, do wor nit esu vill. Ich hatt jo selver noch dat Blut am loofe, ne, ich konnt do jo kaum jet sin"

„Sie waren also verletzt. Hm. Waren Sie denn auch an der Auseinandersetzung beteiligt?"

„Nee, nee, Hohes Gericht, könnt man nit sage. Ich hatt nur vürher en dr Weetschaff dat Brett vür der Kopp jekräje..."

„Brett? Was für ein Brett denn?"

„Dat Brettche do, wat de Tür es von hinger dr Thek für noh vür der Thek"

„Also die Thekenschwingtüre?"

„Jenau dat Teil mein ich, Hohes Jericht"

„Ja, und was war denn mit der Thekenschwingtüre? War die denn lose, lag die da so rum oder wie oder was?"

„Jo nee, vürher nit. Ewwer dann hätt dat einer erusjerisse un ich han et vür dr Kopp jekräje"

„Wer war das denn nun wieder? War das etwa auch der Angeklagte?"

„Kaschmr nit vürstelle, ich mein: dä wor jo mit demm singem Broder dran, ne, do hätt dä keine Ärm mieh frei jehat für dat Brett für avzerieße un mir vür dr Kopp ze knalle"

„Also war das ein anderer Gast?"

„Muß jo, ne"

„Ja und wer?“

„Jo, dat weiß ich jetzt och nit esu jenau, jedenfalls, wie mir do vür dr Dür vom kahle Büjeliese wore, do jing dat jo erst richtig los“

„Also Sie meinen jetzt wieder die Auseinandersetzung zwischen dem Angeklagten und seinem jüngeren Bruder?“

„Jenau zwesche denne zwei“

„Ja nun wissen Sie ja, daß der Bruder vom Angeklagten ziemlich übel zugerichtet worden ist. Kamen Sie da nicht auf den Gedanken, mal dazwischen zu gehen und die beiden zu trennen?“

„Sin ich jo. Wie ich mir dat Bloot jet avjewischt hatt, do sagen ich noch für dä Jupp, wat jo jetz dä Anjeklagte es: loß dä Jung in Rauh, un do säht demm singe Bruder für mich: 'Halt Dich do erus. Dat es minge Bruder, dä kann mich zerschlage, wie dä will!'“

„Ja nun wurde aber die Auseinandersetzung ja, wie wir von den anderen Zeugen wissen, immer dramatischer, bis das Opfer dann schließlich durch die Glastür geworfen wurde. Kamen Sie nicht spätestens da auf den Gedanken, einzugreifen?“

„Ja sicher, Hohes Gericht. Han ich jo och. Wie dä Jupp, also der Angeklagte, singe Bruder huh am stemme wor, do wußt ich jo, wat kohm, ne. UND ICH SAGE NOCH: paß op! Die Tür! - do wor dä durch et Jlas!“.

Die rheinische Kritik

Da heißt et immer: der Rheinländer wäre unfähig zu Kritik. *Er könnt dat nit, weil er sich aus allem eraushalten dät, weil ihm suwiesu all dat ejal wör, wat nit dreck mit ihm selver ze don hät und weil er et sich mit keinem verderbe wolle dät.* Heißt es. Ich meine: sowas kann nur sagen, wer den Rheinländer nicht kennt und wer obendrein auch nichts mit ihm zu tun haben will. Dummheiten, sag ich, Dummheiten, weiter nix.

Die Kritikfähigkeit des Rheinländers ist
a) unbestechlich
b) ständig präsent und
c) geht in mehreren Stufen vor sich.

Unbestechlichkeit

Da braucht man nur in einen Laden ereinjehen, wollmermalsage: C & A, Abteilung für Übergrößen. *Et Finchen es sich jet am ussööke un et Trautchen es mitjejange, weil sich dat Finchen nit esu sicher es und weil dat Trautchen die ältste Fründin vum Finchen es. Dat heißt: dat Finchen kann sich op dat Urteil vum Trautchen verlassen. Und wie sieht dat aus?*

Et Finchen jeiht mit esu einem blauen Teil, oben fein wat avjesteppt, Modell: „hebt die Büste ohne die Taille überzubetonen“, *in dat Ömtreck-Kabinchen erein. In dä Zick söök et Trautchen schon mal wat besseres aus, weil, es klar: et Finchem es demm sing best Fründin, da muß man schon mal selbstlos sein können. Et Finchen kütt erus ussem Kabinchen -*

übrigens, *wo Sie jrad sage Kabinchen:* ist Ihnen schon mal aufjefallen, daß es nur zwei Orte gibt, wo die Frauen keine Männer dabei haben wollen, weil diesen Orten ein gewisses

Sich-Schämen innewohnt? *Dat es dat Ömtreck-Kabinchen und dä Beichtstuhl.* Wenn sie aus dem Beichtstuhl *erauskommen,* streichen sie sich immer, ausnahmslos, kurz und verschämt der Rock glatt, *wenn sie ussem Ömtreck-Kabinchen erauskommen,* streichen sie sich die Haare glatt. Ebenso ausnahmslos. Nirgendwo sonst gibt es für Frauen diese kleine klassische Schrecksekunde, in der sie grundsätzlich verunsicherbar sind, weil: an beiden Orten hat sie sich ausgezogen, ich meine: wirklich und nicht auf Wirkung bedacht, und beim Verlassen dieser beiden Orte muß sie erstmal ihr öffentliches Bild wiederherstellen. Das geht schnell, wir wissen es, aber die Sekunde, bis dat alles wieder in Ordnung ist, ist die Sekunde, wo Frauen plötzlich einfach nur - Menschen sind, *un do bisse für eine Moment janz schön ... . jot, lommer dat -*
et Finchen also eraus us dä Kabin, guckt sich wat unsicher nohm Trautchen um, dat Trautchen kütt och sofort anjefloge, blinzelt kritisch und setzt dann zur rheinischen Meisterleistung an:

„Jaa, schön, dat es ein schönes Kleid, ne, könnt man nit anders sagen, nee wirklich, schön, dat Blau, dezent un doch nicht aufdringlich - obwohl, do en dr Hüft, ich mein, do wör et jet spack, ne, jot, kann man ändere, sicher, hinge om Reißverschluß klein Dreieckchen ereinjenäht, hätt sich dä Fall, ne, obwohl, ob et do noch esu vill Stoff en demm Muster jitt, ewwer dann, sicher, es schön, dat Kleid, ne, nee wirklich, Finchen, ich dät et sage, klar ... obwohl - kann nicht jeder tragen! ... Ich mein, dat macht Dich wat älter ...“

Natürlich zieht et Finchen noch ein paar andere Kleider an, *wat ihm dat Trautchen usjesöök hät,* kauft dann aber natürlich *dat blaue von eben, weil, wie jesagt:* auf das Urteil einer guten Freundin kann man sich immer verlassen!

Ständige Präsenz

Der Rheinländer hat viel gesehen im Laufe der Geschichte. Alle haben ihm was vorzumachen versucht: der Römer, *dä Franzus,* die Wittelsbacher um nur einige zu nennen. Das hat seinen Blick geschärft. Man kann ihm nix erzählen, er ist durch alles durch, man kann ihn nicht mehr überreden, man muß ihn schon überzeugen. Und da hat er so seine Mittel, um die Wahrheit hinter den Wörtern zu erkunden.

Die Mittel sind klein aber oho! Wir wissen ja, wie sparsam der Rheinländer mit seinen Waffen umgeht.

Es sind meistens kurze Wörter wie: echt, wirklich, ehrlich.

„Dat Programm vum Beikircher, dat wor wieder richtig klasse!"
„Echt?"

Und schon ist man ob dieser Kritik in der Verteidigungshaltung, muß weitere Informationen herausrücken, kurz: muß beweisen, daß man hinter dem, was man gesagt hat, wirklich steht.

„Also wat dä Beikircher do wieder verzallt hät!"
„Wie: verzallt? Wat hät dä dann verzallt?"
„Och über dä Rheinländer un esu un dat mir esu kritikfähig wören, dat uns quasi keiner jet vürmache kann"
„Wemm?"
„Uns!"
„Echt?"
„Jo. Und weiße warum uns keiner jet verzälle kann?"
„Enee"
„Weil mir Rheinländer ebends esu op Zack sin!"
„Jo?!"

Das ist höhere Kunst, dieses *„Jo!“*. ich meine: das muß einer erstmal nachmachen: eine Zustimmung als Gegenfrage und damit vernichtende Kritik zu verwenden. Einmalig.

Die Stufen der rheinischen Kritik

1. Der conditionalis vituperans

Das ist ein kleiner Wenn-Satz, quasi der Konditionalis vituperans, also der tadelnde, der seine Wirkung nie verfehlt. Mit diesem Satz, der für sich gesehen absolut harmlos ist, distanziert sich der Rheinländer vom anderen, ohne dat man ihm jemals wat nachsagen könnte.
Nemme mer emol ei Beispiel.

Supermarkt. Kassenschlange. Mitten in der Schlange steht einer dieser ewig Unverbesserlichen, der „dem Rheinländer sein Deutsch“ ständig korrigiert. Kennt man ja, so Typen, geborene Oberlehrer: Regal voller Bücher, aber *nix em Kopp.*

Also. Vor ihm hat eine Kundin ihr janzes Zeug om Kassenband liegen. Er stellt jetzt sing Tütt H-Milch fettarm (wat dann sonst!) dahinter. Die Kassiererin nimmp dat kleine Trennbrett und knallt dat demm vür demm sing Tütt met dr H-Milch. Kennt man ja, die Trennbrettchen. Meist Werbeträger, manchmal auch Träger einer kundenfreundlichen Sachinformation. So in diesem Fall. Auf dem Trennbrett steht nämlich: „Nächste Kunde“.

Der Oberlehrer räuspert sich und gibt sich dann mit der *Frau an dr Kass draan:*

„Was ist das denn? Gucken Sie mal, was hier steht! Hier steht: nächste Kunde“

„Jo sicher steiht do: nächste Kunde! Wat dann sons?“

„Ja, das ist aber falsch!“

„Wie: falsch?“

„Das muß doch heißen: nächster Kunde!“

„Wat soll dat dann heißen: nächster Kunde? Dat es jo Quatsch. Do steht nächste Kunde, weil dat heißen soll, dat dat Brettche dofür do es, domet dat mr süht, dat hinger dem Brettche dä nächste Kunde dran es!“

„Ja, gut. Hier steht aber nicht: der nächste Kunde. Hier steht ohne Artikel einfach: nächste Kunde!“

„Jo und?“

„Das ist falsch!“

„Jo jot, ph! WENN SIE DAT SAGE!“

Und peng! und aus! *und Luff erus!*

Das ist Souveränität: sie hat den Streit scheinbar geschlichtet, bevor er entstanden ist, hat aber gleichzeitig, ohne es auszusprechen (und das ist das ‘vituperans’ an diesem Wenn-Satz), eines glasklar in den Raum gestellt:

„Eine von uns zwei he es et Arschloch - ich ewwer nit!“.

2. Die Bestätigung als Widerhaken

Auch die nächste Stufe ist ein für sich genommen völlig harmloser Satz, der aber die Abgrenzung noch klarer als Stufe eins erfüllt. Er wird vor allem benutzt, wenn es um die Rettung der eigenen Haut geht.

Nehmen wir mal eine ganz alltägliche Situation.

Morjens früh halver aach. Er ist schon wat unter Zeitdruck *für nohm Büro*. Die Frau ist schon weg, die Putzfrau ist schon da. Er steht im Schlafzimmer und ist sein Hemd am suchen, die Putzfrau steht in der Küche. Entsprechend lautstark ist die Unterhaltung.

„Sarens, Frau Eienich, wisse Sie, wo ming Hemp es?“

„Wie: ming Hemp?“

„Jo ming Hemp! Dat wieße!"

„Em Schrank! Wo dann sons?!"

„Do es et ewwer nit"

„Wie: do es et nit? Do mööt dat ewwer sin!"

„Jo wenn ich sage: do es et nit"

„Nit em Schrank?"

„Enee!"

„Och nit do, wo't immer es?"

„Wat soll dat dann heiße: nit do, wo't immer es?"

„Jo hinger de Söck!"

„Wie: hinger de Söck? Wat hat dann ming Hemp hinger de Söck ze sooche?"

„Do es et immer"

„Hinger de Söck?"

„Eja. Es et dann nit do?"

„Nee, do es et och nit"

„Han Sie och richtig jeguck?"

„Jo sicher, wat meinen Sie dann. Ewwer do es et nit!"

„Dann es et en dr Wäsch!"

„Quatsch, en dr Wäsch. ich han et doch jestern noch jesin"

„Wat dann?"

„Dat Hemp"

„Dat Hemp? Wo dann?"

„Em Bad"

„Jo do jehürt et jo och nit hin!"

„Dat weiß ich och, ewwer ich han et em Bad jesin"

„Dann es et jo jot"

„Wie: jot?"

„Jo weil et dann jo do es"

„Wo dann?"

„Jo em Bad!"

„Do es et ewwer och nit"

„Jo wo soll dat Hemp dann sin?"

„Jo wenn ich et wüßt, dät ich nit froge"

Eterna

„Wenn et nit en dr Wäsch es, es et sicher om Böjelbrett!“
„Quatsch! Dat Böjelbrett es em Keller!“
„Wat hätt dann dat Böjelbrett em Keller verlore?“
„Weil dat nohm Sperrmüll kütt“
„Dat Hemp och?“
„Herrjottnochens, nee, nit dat Hemp, dat Böjelbrett. Wat soll dann dat Hemp om Sperrmüll? Dat wör jo jet, jo es et dann, dat Hemp dat muß jo irjendswo sin, wat es dat dann für eine Drißhaushalt he, wo man noch netens sei eijen Hemp fingk!“
„Dä Haushalt es en Ordnung, un dat es dä, zickdemm ich he sin un dat sin sibbe Johr. Un wenn dat Hemp nit do es, wo't immer es …“
„Wo dann?“
„Hinger de Söck…“
„Jo ewwer ich sage jo: do es et nit!“
„Dann es et fott!“
„WIE: fott! Ich mein, jetzt wör et jot! Ming wieß Hemp? Fott? Halt! Do es et jo!“
„HanS et?“
„Jo. Ich han et!“
„Wo wor et dann?“
„WisseSe wo dat wor? Hingerm Schohnputzzeuch wor et. Un dreckelich es et och! Jetzt frage ich Sie: wat hät dann ming Hemp hingerm Schohnputzzeuch verlore, he?!“
„Ich wor dat nit!“
„Wie: ich wor dat nit! Soweit als wies ich weiß, simmer he drei Mann en demm Drißhaushalt: Sie, ich und ming Frau: un ICH hab et nit da hinjelegt“
„Ich och nit“
„Och hürens op, Frau Eienich, welcher Idi-ot hätt dann …“
„DAT HABEN SIE JESAGT!“

Und zack! und paff! und peng! und „*Ich wor et nit*" und fertig ist die Laube: genial. Anders kann man das nicht nennen.

3. Die Frage ohne Fragezeichen

Die Frage ohne Fragezeichen ist die höchste, subtilste und effektivste Form rheinischer Hinterlist.

Sie besteht aus einem einfachen Aussagesatz, scheinbar überflüssig, weil er nur formuliert, was eh schon klar ist. Aber gerade deshalb alles andere als überflüssig!

Er wird benutzt, wenn es um wirklich wichtige Dinge geht, Dinge, die man möglicherweise nicht ungestraft einer Kritik unterzieht.

Nemme mr emol ei Beispiel.
Erbschaftsgespräch im trauten Familienkreis. Wir wissen alle: nichts kann die Geschwisterliebe stärker durcheinanderbringen als *wies esu jet.*

Und es sind immer dieselben Themen:

Wer övvernimmp dä Betrieb und wat zahlt er dann den Geschwistern aus, und vor allen Dingen: warum will er nichts auszahlen, *warum soll die dat Haus kriejen un nit mir zwei jüngeren und dann sinn jo noch die Möbel, die Bilder un dat kleine Järtchen op dr schääl Sick. Und schon simmer mittendrin:*

„Sarens, wenn Du dä Betrieb övvernemme wills …"

„Wie: wills! Einer muß et jo don! Ich opfere mich do quasi auf für Üch, wenn ich dat övernemme!"

„Jo, jo, jo! Und machst dann die jroße Schnitte als Jung-Unternehmer un mir ston em Wald"

„Vor allen Dingen mach ich eine Schnitte! Wißt Ihr dann, dat der Betrieb Schulde hätt bes övver die Uhre? Normal müßte der Betrieb längst schon pleite jejangen sein, wenn ich

nit op dat Jehalt, wat mir amfürsich zusteht, verzichtet hätt. Un dat zick fünnef Johr. Esu süht dat nämlich us!"

„Aha! Kei Jehalt zick fünnef Johr? Un wovon es dann et Huus in Rudekirche? Un wovon es dann dr Wage für ding Frau? Un wovon es dann die Ferienwohnung en Simmerath? Es dir dat einfach esu zojefalle oder hässe dat jeschenk jekräje oder wie oder wat? Ich mein: ICH FRAGE NUR!!"

Die hochentwickelte rheinische Fragetechnik im Vergleich zu ihren Vorstufen in Restdeutschland

An der Ausgereiftheit der Fragetechnik, derer sich eine Sprachregion bedient, erkennt man den Intelligenzgrad der Menschen, die diese Sprache sprechen. Der Bogen reicht hier vom Augenbrauenheben über das dumpfe „Hrmpf?" bis zu den raffinierten Gebilden, zu denen der Rheinländer fähig ist.

Schauen wir uns das doch mal im Einzelnen an.

Wie frägt der Sachse?

Beim Sachsen ist folgender Fall. Der hat ja jetzt seit Karl dem Großen, *un dat es über 1000 Jahre her, da hat der immer nur eins hintendrauf jekriegt. Kann eim leid tun oder nit, nutzt aber nix, war so. Der Sachse: immer hintendrauf* auf den Schädel. Das prägt natürlich Sprache und Denkweise.

Rein physikalisch is schon mal klar: der Schlag auf den Hinterkopf setzt sich ja nach vorne fort. Klar. Daß die Stirn da nicht viel zeigt, ist klar, is ja Knochen, aber da gibts ja noch die Unterlippe. Die Unterlippe als einzigstes verschiebbares Weichteil im Jesicht ist dann natürlich auch der Körperteil, der beim Sachsen am meisten unter den Schlägen *op dr Kopp* zu leiden hatte. *Un wat is passiert?* Beim Sachsen hat sich langsam die Unterlippe immer weiter vorgeschoben, dergestalt, daß der Sachse heutzutage die ganzen Laute und Wörter quasi ohne Oberlippe formen muß. Deshalb ist sächsisch auch so einfach: die Unterlippe nach vorne schieben und einfach *loofn lassn.* Jch sage immer: die sächsische Sprache klingt, als hätte sie ein anderer eben noch im Mund gehabt!

Und auf das Denken hat sich das ja auch ausgewirkt. Was passiert, wenn man einen Schlag auf den Schädel bekommt? Der Kopp neigt sich nach vorne unten, so, wie wenn man jemanden grüßen wollte. Und das Denken entwickelt eine

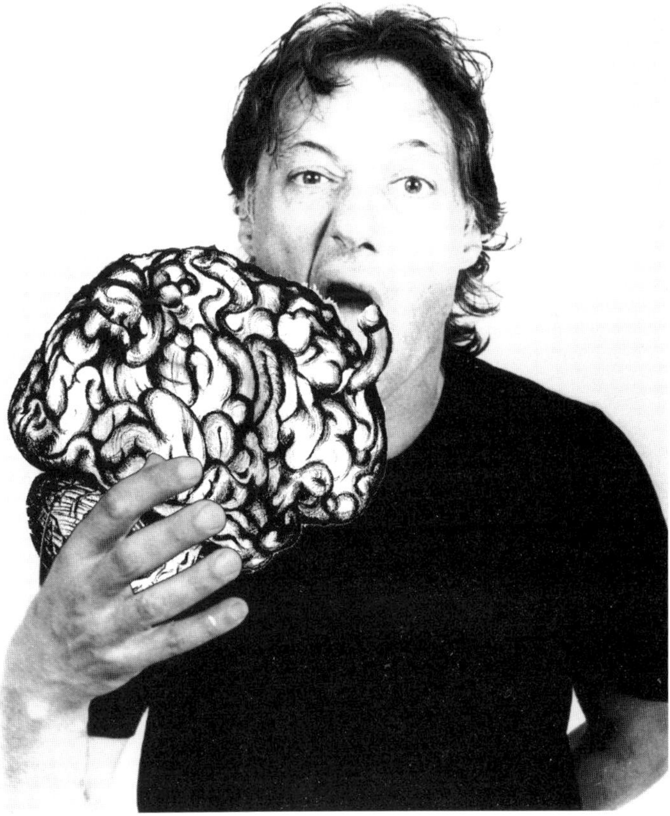

gewisse Unterwürfigkeit. Klar, weil das Hirn ja ständig nach vornüber geneigt ist.

Weil der Sachse aber auch ein Mensch ist und jeder Mensch natürlich versucht, Schmerzen zu vermeiden (z.B. dä Schlag op dr Kopp), hat der Sachse eine virtuose Technik entwickelt, wie er ohne das Risiko eines Schlags auf den Schädel dennoch zum Ziel kommt. Der Sachse hat eine neue Fragetechnik entwickelt. Er fragt nie direkt. Das könnte ja zu einem Nein führen, das tut weh. Muß nicht sein. Er holt sich Sicherheit durch Ausschluß. Wie einer, der sich ausgesperrt hat und sich erstmal darüber freut: „Nu, die Tür is jedenfalls gut zu!“. Hier, z.B. domols in der Täteräa. Kam er an die Grenze, der Sachse, so hätte er nie gefragt: „Darf ich mal rüber?“! Klar, Zack! eins op dr Kopp und fertig. Nee, nee, er hat sich an die Grenze geschlichen und gefragt: „Rüber darf ich wohl nicht?“ und hat sich daran freuen können, daß er recht hatte! Raffiniert.

Wie frägt der Hanseat?

Der Hanseat, also der Hamburger z.B., es och eine Fall für sich:

Dat Wasser immer an der Unterkante Oberlippe, deshalb heißt dat jo och Waterkant, mit einem Bein immer schon in England, mit dem anderen überall, nur nit in Deutschland, ne, tausende von Malen immer wieder überflutet, deshalb trägt er die Mütz, damit man ihn findet, wenn er wieder mal unter Wasser wandelt, und das hinterläßt ja auch Spuren in allem, klar. Wer immer damit rechnen muß, plötzlich auf 1 m 70 unterm Meeresspiegel zu sein, trägt die Nase ganz hoch oben, es klar, damit man noch Luft kriegt. Hat also mit Arroganz nix zu tuen, ne. Und er geht mit dem Atem, es jo lebenswichtig, sehr sparsam um. Der Hanseat ist Kiemenatmer. Er atmet nicht bis in die Lunge, weil ja sein könnte, *daß da*

Wasser mitkütt und dann bisse feedich, sondern er atmet mit dem Gaumensegel. Er nimmt der Mund voll Luft, bis zum Segel, hinten das Zäpfchen als Ruder quasi, und dann tut er mit der Luft, die er im Mund hat, sprechen. Kurze Sätze, klar, weil: is ja nicht viel Luft. Daß das dann wie Arroganz sich anhört, da kann der Hanseat nix für. Hier. Z.B. Tucholsky. Der schreibt, wie zwei Damen der Hamburger Haute Volèe *nohm Theater jon.* Hamlet von Shakespeare, ne, also: dickes, großes Theater, Erbe der Menschheit undesu. Und nohm ersten Akt kommen die eraus, sagt die eine zur anderen:

„Bisch jetzt ka-in Sinn in!".

Und dat Denken is natürlich auch so. Immer auf das Wesentliche konzentriert, weil: es könnt jo et Wasser kumme. Keine überflüssigen (!!) Worte, nix. Übrigens: auch keine riskanten Vokale. O zum Beispiel. Da ist der Mund ja weit geöffnet, ne, da könnt ja eine Menge Wasser erein, in dem Moment, wo man dat O korrekt quasi ausspricht. Der Hanseat macht aus jedem O drei Vokale: er läßt es mit einem E beginnen, öffnet also erstmal ganz behutsam den Mund und guckt dabei nohm Wasserstand, dann kommt kurz dat O und dann hängt er sofort ein U hingedran, weil mit dem U der Mund wieder zugemacht wird. Das sind dann so herrliche Dinge wie:

Pareoudeuonteouse!

Oder: Wir behandeln ja Pareoudeounteouse mit Eoudeoureounteou!

Und schließlich: Lacrimeousa!!

Also, wie jesagt, Denken und alles immer auf das Wesentliche konzentriert. Kontostand, Adresse und Telefonnummer vom Kontor.

Tät man ihn z.B. mit der Tatsache konfrontieren, daß 2 + 2 = 4 ist, würde er sich nicht weiter damit abgeben sondern nur mal kurz folgendes von sich geben:

„Each wäas!".

Wie frägt der Bayer?

Der Bayer ist ja der Schild, enee, die Schilddrüse Europas, war er immer schon. Wat natürlich Folgen hat: der Bayer hat immer *vür dä Hals jekriegt, immer voll vür dr Hals.* Vom Hunnen, vom Mongolen, von denne Habsburjer, vom Bismarck und den Preußen und so weiter. Deshalb hat sich da dann der berühmte bayerische Kropf ausgebildet, als Vorratslager, wenn wieder ens dä Hunne im Anmarsch wor. *Die joten ins Kröpfchen*, kennt man ja. Im Laufe dieser Entwicklung ist der Bayer maßvoll, vorsichtig und guttural geworden. Er hat gelernt: *was i g'fressn hab, g'hört mir.* Er spricht und denkt quasi mit vollem Mund! Und so klingt alles, was er sagt. Er beurteilt Menschen und Natur nur nach einem Kriterium: *Ko ma's essn oder net?* Beziehungsweise: schmeckt's oder schmeckt's net? Schmeckt ihm ein Mensch nicht, sagt er: *„Geh weita, Saupreiß rheinischer"* und schmeckt's ihm, egal ob Alpenpanorama, eine Frau oder eine Surhax'n, sagt er *„Sauba"* und schluckt's runter. Der Gamsbart ist als Wolkenschieber der Garant für ständiges Weiß - Blau und gleichzeitig Maß für den Bierpegel im Hofbräuhaus. Sauber.

Weil er aber vorsichtig ist, hat er auch eine ganz bestimmte Fragetechnik entwickelt. Sie kommt aus der Verneinung, logischerweise, weil: Bejahung heißt mit dem Kopf nicken, das quetscht aber den Kropf ein, während die Verneinung, also das Kopfschütteln, die Vorräte im Kropf nicht zu Brei zermatscht. Soweit zum Biologischen. Wie sieht das nun aus, wenn der Bayer frägt?

Wenn er wissen will, ob einer was gesehen hat, z.B. der Zeuge beim Verkehrsunfall, so würde er nie fragen:

„Sie, hams des g'segn?", das würde den anderen ja zu einem Ja und damit zur Gefährdung der Vorräte zwingen. Nein, er fragt:

„Sie, hams des NET g'segn?" und bietet damit eine goldene Brücke zum vorauszusehenden „Naa" des Befragten.

Und das kann er bis zum Exzess. Er kann bis zu vier Verneinungen in einen einzigen Satz zaubern. *Do besse noch am zähle, zementens, ei NEIN, klar, do kütt dat zweite NEIN, wat es datt dann, dann noch ei NEIN un ei viertes NEIN dobei, Strich drunger, wat es? Jo!*

Beispiel. Wenn Du, jetzt als Bayer, *en dr Laden ereinküß, un däts froge:*

„Sie, ham Sie koan Leberkaas?“.

Dann es die Antwort:

„KOAN Leberkaas hammer no NIA NET ghabt, hammer NET!“

Unwahrscheinlich. 

Ich dät sage: dat jeiht jo schon sprachlich nirgends zesamme, jeschwige denn politisch!

Wie frägt der Hesse?

Der Hesse ist der größte Wegbabbler der Menschheit. Was der sich schon alles weggebabbelt hat, des paßt auf kaa Kuhhaut. In Hessen ist keiner geblieben: kein Wikinger, kein Hunne, kein Mongole, kein Napoleon, kein Preuße, kein Rheinländer, keiner. Selbst der Bruder vom Napoleon, zeitweise König von Kassel, hat sich an den äußersten Rand des Hessenlandes babbeln lassen. Von Adenauer ganz zu schweigen, der schon bei der Vorstellung, in Frankfurt regieren zu müssen, einen trockenen Hals jekriegt hat.

Der Hesse hat eine natürliche Voraussetzung zum Dauerbabbeln: er hat keinen Schließmuskel. Im Mund. Er läßt nicht alles unter sich, er läßt alles außer sich. Er ißt Eier mit grüner Soß, damit sie schneller runterflutschen und er ungestört weiterbabbeln kann. Er trinkt Äppelwoi, weil da kein Schaum drauf ist wie beim Bier, der ihm den Mund verkleben könnte. Und er kann keine Fragen stellen. Das heißt: er stellt

sie schon, aber er wartet nicht auf Antwort. Einer Antwort zuhören müssen heißt, nicht selber sprechen können. Also babbelt er sich auf Umwegen an die Frage, die er eigentlich stellen wollte, ran und gibt sich selber schon die Antwort, die er gar nicht hören wollte. Deshalb sagt er nicht: „Ich möchte Sie fragen", sondern er sagt: *„Ich hätt da mal gern e Fraach!"*, ja, er hätte gerne eine. Er möchte gerne eine Mundharmonika mit Tastatur, wie man das von der Zieharmonika kennt, kaufen. Das geht so:

„Ei tschuldiche Se vielmaals, ich hätt da mal gänn e Fraach: hawwe Sie sowas wie, ei Sie wisse schon, des is wie e Klavier, gelle, awwe zum Noiblaase, weil, ich maan: sicher hawwe Se sowas, hawwe ja jed Meng Instrument da im Laade, gell, ich maan: des is ja auch schön, saach ich imme, daß heutzutaach die Kinne widde mehr Musik und so was mache, gell, also ich bin ja froh, daß die Zeite mit dem ständische Gedudel von dä Schabbolaach vorbei sind, also ich saach imme Schabbolaach, weil die Stereo-Anlaach, wo mir zu Haus hawwe, die is von de Fimma Scharp, gell, also daß des jetzt vorbei is, ich find des soo schöö, jetzt hier im Kinnegadde ja aach, was die heutzutaach widde für Lieder lenne, oinmaalich, sach ich nur, oinmaalich, da kann ich nur saache: ei wie wedd mer dann, ich glaab, ich muß mich setze, gell, awwe, wie gsacht, des hawwe Se sowieso net, des was ich such, des hab ich schon gsehe, gell, also nix für ungut un n hätzliche Gruß an Ihr Frau Gemahlin gell …"

Jot, ich dät sare: muß man nicht mögen, ewwer: hätt jet!

Der Rheinländer und das rheinische Eskimo-Paradox

Beim Fragen gibt es im Rheinland das Eskimo-Paradox!

Wat dat es? Paß op.

Dä Eskimo, ne, der ist ja fortschrittlich. Und da hat der nun im Zuge der Technik z.B. auch Köhlschränk. Nur, wissen Sie, *wofür dä Eskimo dä Köhlschrank bruch? Der tut da nicht Zeuch erein, um et kühl zu halten, der tut dat da rein, damit dat Zeuch nicht einfriert!*

Und so isses auch beim Rheinländer. Der fragt nicht, um eine Antwort zu bekommen, der fragt, um eine zu geben! *So es dat.* Mag manchem paradox erscheinen, *he es et normal.*

Dazu kommt, daß der Rheinländer, wenn er fragt, die Frage so präzise wie möglich stellen möchte, und dazu gehört natürlich auch dat janze Umfeld, wat zu der Frage, die er amfürsich stellen wollte, führt. Normal.

Zum Beispiel.

Ich stund in Bonn - ausnahmsweise mal nicht in Kessenich! - im Laden für Wäsche und Kurzwaren. Da stürmt eine Frau mittleren Alters 'erein, schiebt mich quasi zur Seite und sagt:

„Tach zesamme, ich wollte nur mal jefragt haben, weil: ich meine: Ihr seid doch eine Laden für Ungerbuzze, ne?"

„Ja sicher, steht ja draußen drauf: Wäsche und Kurzwaren!"

„Ja sicher steht dat draußen drop, weiß ich, ich wohn jo he, ne, nur, sch-meine: Kurzwaren sin jo och Söck oder Knöpp oder wat, und dat is nit, weswäje ich fragen wollte, ich wollt nur kurz jefragt haben, weil, also dat es esu: dä Franz, also jetzt nit dä Franz, sondern demm sing Frau, et Ellie, werden Sie jetzt nicht kennen, ne, gehbehindert, ne, und da macht man dann schon mal Einkäufe für, ne, ich meine: man hilft sich ja wo't irjends jeiht, ne, wer weiß, ob man nicht mal selber drop anjewiese, ne, jot, jedenfalls, obwohl: dä müßten

Sie eijentlich kennen, also dä Franz, ne, dä kütt jo he immer vorbei, morjens, weil dä es jo seit Jahren es dä jo Daach für Daach do hinge om Eck beim ZarettePitter, ne, weil, do hätt dä, wobei: dat es jo och erstaunlich, ne, dat dat dat hück noch jitt, unwahrscheinlich, ne, ich meine damals, in der schlechten Zeit, do wor dat jo normal, dat man do mem Zarette koofe, jot ejal, spillt jo kei Roll, jedenfalls, dä Franz, dä jeiht Daach für Daach nohm ZarettePitter für die Express für ze koofe, un do hätt dä, sch-meine: sicher kauft der die Express, ewwer dodrum drieht et sich jetzt nit, dat es weil: do steiht jo dem Franz sing Fläsch Schabau, ne, beim ZarettePitter unger der Thek, ne, schön fein Etikettche met dem Franz singe Name drop, un do jeiht dä Franz erein und sacht: Pitter, däße mir eine? und dä Pitter jitt dem Franz die Express un holt die Fläsch für dä Frühschoppen, ne, und dann macht dä do schön eine Strich op die Fläsch, domet dat dat sing Ordnung hätt, ne, und do es et jetzt ebends manchmal esu, dat dä Franz sich ebends noch einen und dofür hätt dä ZarettePitter jetz die Stöhl, wobei: Stöhl es jot, ich hatte demm ja schon vor Jahren jesagt, dat dat met denne Stöhl jo kei Manier mieh hätt, also dat es en Schand, esu Stöhl, Näjel eraus und wackele wie dem Franz sing Zängk, sch-meine: der Laden läuft jo, do hätt der sich och paar neu Stöhl ereinstelle künne, ejal, jedenfalls, dä Franz, wenn dä sich dä zweite Schabau jenehmigt, obwohl: nicht daß Sie jetzut ein falsches Bild kriejen, ne, dat es keine Suffkopp, dä Franz, also nit mieh als normal, ne, also normal weed do eine jepitscht, die Express unger der Arm und dann es dä Franz at widde zu Hus, ne, aber, willse maache, av und an tut sich dä Franz eine Nachschlag, ich meine, et Ellie sacht jo immer: je nachdemm, wie minge Franz us dä Düür jeiht, weiß ich schon: hück sin et widder zwei, ne, ich meine: dat weiß dä Franz gar nicht, dat dat dat Ellie schon seit Jahren jewahr jeworden es, ne, dä denkt immer noch, dat dat nur dä ZarettePitter weiß, ne, ich sage immer: Männer und ihre Jeheimnisse! do es en Klobrill eine Panzerschrank dojäje! jedenfalls, un dat es ein oder zweimol die Woch, setzt sich dä Franz op eine vun demm ZarettePitter sing kapotte Stöhl und dat es, wat ich frage wollt: wat koste dann bei Üch die Ungerbuzze? weil, wenn dat bei Üch nit esu düür, dann kann ich mir dä janze Weg noh der Stadt für nohm Hettlage für et Ellie och spare, ne, dat wör dann....wat es? Sibbe Mark? Jo dat es ewwer...och, luurens do, dat es jo dä Beikircher! Also dat es jo ei Dingen! Dat es ewwer schön, dat ich Sie mal, live, ne, quasi, sonst immer nur om Fern oder em Radio, Och! ich hab Sie jetzt gar nicht jesehen, ne, dat es ewwer och, ich meine: bei Lück wie Sie muß unsereins jo immer oppasse, ne, nit dat man dann plötzlich von Ihnen, wie heiß et, zitiert wird om Fern, ne, also dann, nix für unjot, war schön, ne, und nit dat Sie mich jetzt em Radio, ne, obwohl: es och ejal, Sie saren jo immer so nett: esu isser, dä Rheinländer,...“

Und lächelt mir ein Herz zu, rauscht ab und war verschwunden. *Es dat nit schön?!*

Rheinische Kulturphilosophie

Also komisch ist es schon mit unseren Städten, ihren kulturellen Institutionen und ihrer Kulturpolitik: alles soll schön sein und groß sein und alle Welt in Staunen versetzen. Und da wurde und wird dann gebaut und gemacht und getan: Theaterhäuser, Opernhäuser, Orchestergräben, Museen mit und ohne Schokolade und Streifenkarten im Verkehrsverbund. Und dafür braucht man ja auch Menschen: mit und ohne Mützchen, mit und ohne Stimme, welche, die was zu sagen haben und welche, die nix zu sagen haben, solche, die nix sagen sollten und solche, die immer das Maul aufreißen. Und da ganz oben drüber braucht es dann noch einen Menschen, der das jeweils Schöne und Große und Staunenswerte gestaltet, in Schwung hält und für alles geradestehen muß. *Wenn et wat jeworden is. Aber, un jetzt kütt et: Immer, wenn et wat jeworden es, wor et keine von he!* Und dieser Satz gilt nicht nur in Köln. Er gilt überall.

Warum das so ist? Also, da wird quer durch die politischen und Verwaltungsinstanzen geplant, entschieden, verworfen, wieder geplant, neu entschieden oder besser: überhaupt nicht entschieden, weil man ja erstmal gucken muß, und dann stellt sich die Frage: *Jo, wer soll dat dann eijentlich machen?* Die Head-Hunter werden ausgeschickt, um geeignete Kandidaten für dieses Schöne und Große und Staunenswerte zu finden. Und endlich gibt es auch eine mehr oder weniger große Liste mit mehr oder weniger berühmten Namen. Nur: alle sind sie von auswärts. Und dann heißt es: Quatsch! Mir bruche keine Fremde, *mir han he Lück jenug, wat dat künne.*

Aber dann ist es doch immer wieder so, daß es heißt: *Lommer doch leever eine Fremde nemme,* weil:

1. *Dä kennt he keiner esu jenau, so dat mr, wenn jet anders läuft als wies jeplant, sage kann: Dat konnt ja kei Minsch ahne! Oder: Jo, wenn mr DAT jewußt hätte!*

2. *föhlt mr sich einem Fremden jäjenövver och net esu verpflichtet wies zum Beispiel einem vun he, wat mr schon von klein an kennt. Un eine Fremde kann mr och schneller wieder erusschmieße! Dahinwojejen bei einem vun he immer dat Entsorgungsproblem es. Ich sage nur: Brovot, ne!*

3. *kann mr eine Fremde och besser betuppe, weil: dä kennt uns jo och nit esu jenau! Do kann mr gucke,ob mr nit noch esu ei paar aale Tricks us dä Mottekiß aktiveere kann für dä für op et Kreuz ze läje!*

4. *fällt he op die Nas, kann mr sage: dä wor nit von he. Hät he Erfolg, wor et immer schon einer von uns. Esu einfach es dat.*

Nun esset jo esu: wenn da einer ein so wichtiges Amt bekommt, muß man auch über Konzepte reden.

Und do es jetzt esu eine Kandidat am schrieve un am schrieve, eine Seite nach der anderen, um schöne kulturpolitische Konzepte vorstellen zu können.

Die kulturpolitischen Konzepte von rheinischen Städten aber, insbesondere von Köln, sind sehr knapp und prägnant. Da wird der Ausgeguckte einbestellt - aber erst, wenn er schon fest eingestellt ist, *nit dat er em letzte Moment avspringk!* - und sowie er im Laufe des Gesprächs die Frage stellt, was denn die Stadt konkret von ihm erwarte, wird ihm feierlich gesagt: *„Musse gucken!“*.

So frei sind hier die Künste!

Damit aber nicht genug, denn der Hauptanteil der Zusammenarbeit zwischen einer Stadt und dem neuen Mann beginnt jetzt. Und auch hier ist das Konzept der Zusammenarbeit zwischen einer Stadt (jetzt nit nur als Stadtverwaltung, sondern *övverhaupts als Minsche en dä Stadt*) und einem Kulturmacher einfach und effektiv (da stecken ja Jahrhunderte an Erfahrung dahinter):

Wenn der Erfolg bleiben soll, muß man den, der erfolgreich zu werden verspricht, gründlich prüfen. Das heißt: man muß ihm schön sorgfältig einen Stein nach dem anderen in den Weg legen. *Packt ers: jot! Packt ers nicht: Sühste, ich hab et jo immer schon jesat!*

Esu einfach es dat em Rheinland!

Rheinische Demokratie

Tja, dä Bayer un singe Amigos! Tz, tz tz! Gemessen an der Hohen Schule des Klüngelns ist das Schauspiel, das der Bayer uns immer mal wieder bietet, quasi Steinzeit. Er geht mit seinen Freunderln, den Spezis oder Amigos, um wie mit der Kuh: mit groben Griffeln wird gemolken, was das Euter (sprich: Portemonnaie) hält! Das 'zwick't und schmerzt, und deshalb fliegt auch immer wieder alles auf. Und auf alle noch so peinlichen Fragen reagiert er mit der bayerischen Verneinung: „Herr Streibl, haben Sie Geld angenommen …?“. „Net direkt!!“. Einfallslos. Wenn ich dagegen die Hohe Schule des kölschen Klüngels betrachte …! Der kölsche Klüngel ist der atemberaubende Seiltanz zwischen Interessen-Ausgleich und Erpressung. Und es gibt da ein paar Regeln, sozusagen die zehn Gebote der rheinischen Demokratie:

1. *Dat bliev unger uns!*
2. *Do hammer all jet von!*
3. *Wenn Du nit wills: ich kann och anders!*
4. *Dat klapp! Un wenn nit, krieje mir et an et Klappen!*
5. *Dä Dingens weiß Bescheid!*
6. *Dä Dingens bruch nit Bescheid ze wisse!*
7. *Dä Dingens soll sich ens janz bedeckt hale, dä hät jo domols och…!*
8. *Dä Dingens es bei uns em Vürstand, dat kriejen ich demm schon beijeboge!*
9. *Hand drop!*
10. *Dat lööf!*

Und wenn man diese Regeln beherzigt, klapp et! Siehe z.B. Mülheimer Brücke, ein klassisches Beispiel Adenauerscher Klüngelei. Natürlich gab es damals billigere Angebote, aber ebends nicht aus Köln!

Der Rheinländer hat erkannt: "Wer die Finger überall drin hat, kann keine Faust mehr ballen" (Dieter Hildebrandt). Deshalb beteiligt er am Klüngel möglichst alle, *dann klapp et un keiner lööf ussem Ruder.* So gesehen ist Klüngel Demokratie à la Köln. Quasi!

Rheinische Sozialrituale

Rituale sind immer wiederkehrende Formen, an die man sich gewöhnt hat und die deshalb schön sind. Punkt. Sozialrituale sind die notwendigen Geländer, die einem Leben Struktur und Lebendigkeit verleihen. Jeder braucht sie, jeder findet sie schön, arm, wer sich nicht an ihnen erfreuen kann.

Gucken Sie mal, Karneval, ne, also der kölsche Karneval, weil der Düsseldorfer findet ja auch immer mal wieder gerne im Sommer statt, ist auch so ein ganz besonderes rheinisches Sozialritual.

Wat Sie jetzt draußen an den Bildschirmen kennen, dat bunte Treiben der Menschen an den sojenannten tollen Tagen, dat is ja nur ein Teil. Beim Karneval muß man ja unterscheiden, ne.

Karneval ist nicht bis morgens um sechs met dr Pappnaas in der Wirtschaft stehen und für Spaß *„En dr Kaijaß Nummer Null"* grölen oder im Nachthemd durch die Kölner Straßen ziehen als sojenannter Geisterzug oder bei der Stunksitzung sich im 3/4 Takt über die Schunkelei lustig machen oder derlei Dinge, die keiner im Griff hat und die völlig unorganisiert und chaotisch ablaufen. Da weiß man ja nie, wo man dran is. Da macht dann zum Beispiel einer einen Witz, esu wigg esu jot, und dann kann man lachen oder nicht, ne. In einer richtigen Karnevalssitzung is dat janz anders: da macht einer einen Witz, dann kütt dä Tusch und dann weiß man, aha! Fertig. Aber ich greife voraus.

Karneval in seiner heutigen wunderbaren Form ist ja als Antwort auf den preußischen Militarismus entstanden und dementsprechend gut durchorganisiert. Festkomitee, Dreigestirn, Ehrengarde, Prinzengarde, Elferrat, rote Funken, blaue Funken, 1. Knubbel, 2. Knubbel, 3. Kohorte, 4. Archipel, oder wie dat all heißt.

Das sind ja Dinge, da spürt man direkt die klare Gliederung, die so ein Volksfest, was über Monate läuft, haben muß. Ich mein, ich bitte Sie: gucken Sie sich doch mal Karneval woanders an, hier: Basel. Wat soll dat dann für eine Spaß sein, in notdürftig zusammengeschusterten Holzmasken mit Ketten und Besen durch die Straßen zu schippern, sin mir dann he bei der Müllabfuhr?

Oder hier, Venedig: dünne Barockkleider, wo man sich den Arsch abfriert, *om Kopp eine Dreispitz, met demm man überall hänge bliev und am Engk dann der Sprung en der Canale Grande, hammer dann Hochwasser oder wat?*

Oder Rio, du leven Jott: dat es jo et reinste Föttchesföhler Fest, nee, nee.

Der rheinische Karneval ist eine seriöse, ernste Anjelegenheit.

Nehmen wir doch mal so eine klassische Sitzung. Eine Sitzung ist ein Fest. Also es klar: Smoking und Abendkleid, allerhöchstens DinerJackett. Weil: da kann jo net jeder andon, wat he will. Die Sitzungsgarderobe es mündlich überliefert und in strengen Grenzen festjelegt. *Un weil et en Karnevalssitzung is, also jeck es, kütt die Mötz op dr Kopp.* Mit oder mit ohne Federn is eine eher praktische Frage: *dat kütt drop an, wie eng die die Tisch jestellt haben.* Die Länge der Federn ist geheimnisvollen Ritualen unterworfen, die auch hier nicht verraten werden dürfen. Nur eines: Wer's lang hat, läßt's lang hängen, klar.

Un jetzt gucken mir mal nach oben. *Do is der Elferrat, also zehn Mann plus dä Präsident.*

Der Präsident einer Karnevalssitzung muß vor allen Dingen eine Fähigkeit aufweisen: er muß das Wort HERRLICH in allen erdenklichen Kombinationen anwenden können. Dieses Wort wird im täglichen kölschen Leben kaum gebraucht, damit es im Karneval alle drei Sekunden erstrahlen kann. Er darf nie sagen: *"Dat wor ene schöne Vürdraach"* oder *"Dat wor ene prima Vürdraach"* oder was auch immer, er muß sagen: *"Dat wor ene herrliche Vürdraach, un dat wollemer en dem herrliche Saal do met esu enem herrlichen Publikum met enem dreifach donnernden Kölle Alaaf ..."* und so weiter. Das Alaaf muß auch immer dreifach donnernd sein. Gäbe es einen Präsidenten, der mal sagen würde, ein dreifach schallendes Alaaf, es wäre so was wie Schalke 05! Ebenso war das Ballett herrlich, *et Funke Marieche wor herrlich*, die Dekoration es herrlich *un esu wigger.*

Nun stellt sich die Frage: wat machen dann eigentlich die anderen Zehn im Elferrat. Ohne jetzt alle Geheimnisse lüften zu dürfen, kann man sagen: Einer hat nix anderes zu tuen als Schecks auszustellen. *Ja wat meinen Sie, wat dat dann kost?* Immerhin hat der kölsche Karneval zuletzt 750 Millionen Mark umjesetzt! Und während dat Programm wiggerlööf, es dä am Schrieve. 2000 Mark et Mariechen, 9000 Mark für et Stippeföttche, 1500 Mark pro Tusch, 250 Mark pro Orden, der verliehen werden muß, achtmal die Brüder Grimm für die Bläck Fööß oder *wat, ich kenn die Preise net esu jenau, jedenfalls: dä arme Mann es nur am Schrieve und am Sicke övver dat Jeld un am Schrieve un am Sicke un dann immer erövver nohm Präsidenten für die Ungerschrift! Dann is einer dabei, der nur guckt, dat die Absprachen einjehalten werden.* Wobei man wissen muß: Im Herbst stellen sich im intimsten Kreis der Spitzenfunktionäre die janzen Karnevalisten vor. Un bei dieser Messe wird ausjemacht: *Du tritts bei uns auf und Du nit. Wenn Du ewwer bei uns optritts, dann darfs Du bei denne nit optredde.* Weil: Ordnung muß jo sein, klar. *Un weil et jo immer wieder esu Sausäcke jitt,* die sich an keine Absprachen halten, es do einer beim Elferrat dabei, der nix anderes tut als wies gucken, dat die Absprachen einjehalten werden. Dä es do am Telefonieren und Machen und Tun, der hört die Zwischenberichte der Sitzungsspione, die ihm erzählen, ob die Höhner vielleicht doch bei der Sitzung vom Konkurrenzverein aufjetreten sind oder net, also ich kann ihnen sagen, auch der Mann ist im absoluten Dauerstress. Und einer beim Elferrat ist für der Jetränkenachschub zuständig, und einer für die Deckel und *esu wigger. Die zehn Mann jedenfalls han gar kei Zick für ze laache, die sin do richtig am Arbigge. Un dat Problem dabei is: egal, wat die do am Arbigge sin, die müsse jo alle drei Minute Kölle Alaaf brüllen,* wissen Sie, wie einen dat durcheinander bringen kann? *Do bisse jrad bei der zweiten Null im Scheck*, dann dreimal Kölle Alaaf und schon is die Zahl sechsstellig! Was ich damit sagen will: et is ein Amt mit einer schweren Verantwortung!

Und dann dä Präsident. Wissen Sie, dat dat manchmal Jahrzehnte dauert, bis man dieses Ehrenamt innehat? Do es man am Baggern und Tuen, ein Freundschaftsessen nohm anderen, da hat man jahrzehntelang met dem Assenmacher in Geschäftsverbindung jestanden, obwohl man von dem gar nichts gebraucht hätte, da hat man jahrelang Ääzezupp jestiftet, obwohl man kein Ääze usston kann, da hat man Hektoliter Kölsch in sich ereinjepump, obwohl man vielleicht Diabetiker is, do wor man jahrelang op dä Ehrentribün beim FC, obwohl man von Fußball esu vill Ahnung hät wie ene Düsseldorfer vom Kölsch, do hält man jahrelang et Jeköhme der Ehefrau aus, esu nohm Motto: "*Wie: Kassenwart? Isset dann möglich? Jo bes Du dann immer noch net für dä Präsident vürjeschlage woode? Dat es typisch: övver dat Stange Stemme verliere die Männer die großen Ziele vollkommen aus dem Auge. Hässe dann mindstens paar neue Aufträge jekräje, wenn Du schon net Präsident jewoode bes? Also dat eine sagen ich Dir: die Session, jot, es jelaufen. Ewwer in der nächsten bis Du Präsident, oder et jitt Kasalla. Wie ston ich dann vür ming Freundinnen do? Seit 17 Johr am Baggern un immer noch nüß jelaufen! Wer simmer dann? Ich meine: Wenn ene Installateur Prinz werden kann, muß ene Architekt ja wohl noch Präsident werden können, oder wie sin ich dat? Weiß Du, wat mir et Keuenichs Inge un et Wipperfürths Marie jesteckt haben? Wir haben alles im Leben erreicht: uns Männer sind im Festkomitee! Un dat soll ich mir jefalle losse, Du häss sie jo nit mieh all! Jo meinst Du dann, ich mache der janze Karnevalsdriß für ömmesüns met? Dat janze Sitzungsjedons un dä janze Heiopei? Wofür rackert man sich dann do av? Für Spaß an der Freud oder wat? Dat wüßt ich ewwer! Ich meine, jot: wenn Du ene Beamte wörs oder esu enen popelije Anjestellte oder wat, dann meinshalben. Aber als Jeschäftsmann ...??!!* ".

Und so weiter, man kennt das ja.

Un do sin mir am entscheidenden Punkt. Der Kölsche hat vom Römer gelernt, das Angenehme mit dem Nützlichen zu verbinden. Und dem Kölschen wird das von allen Deutschen deshalb vorgeworfen, weil die nicht in der Lage sind, das mit dieser Leichtigkeit zu tun wie der Kölsche. Der Unterschied zwischen dieser mediterranen kölschen Art und allen anderen Deutschen ist so simpel wie eklatant: sagt der Nicht-Kölsche "Wer zuletzt lacht, lacht am Besten", und beweist damit, daß er nur an sich selbst denkt, so ist der Kölsche schon von vornherein altruistisch. Er weiß, daß ein gutes Geschäft beide Seiten zufrieden stellen muß. Er sagt: *„Ihr sid am laache, ich sin am Laache, zwei Kölsch un der Fall hät sich"*.

Teil 2

FARBEN RHEINISCHEN SEINS

Rheinische Klangwolken

Wenn ich in eine andere Sprachregion komme, achte ich immer auf den ersten akustischen Eindruck. Wie klingt eine Sprache, welche Melodien hat sie, welche Klangwolken gibt es unter diesem fremden Himmel?

Nähern wir uns diesem Phänomen mal von der anderen Seite. Sie wissen, daß Amerikaner das geschlossene o wie ein a aussprechen, vor allem, wenn sie deutsch sprechen.

Ich stehe vor Jahren in Bad Godesberg am Bahnsteig, um mit dem Zug nach Bonn zu fahren. Neben mir steht ein junger Amerikaner mit Rucksack und Brille. Der Zug fährt ein, der Amerikaner studiert die Städtenamen außen neben der Tür: Köln, Düsseldorf, Osnabrück, Bremen, Hamburg. Der Stationsvorsteher pfeift, der Ami kütt in Panik und schreit den Beamten an: „Bann? Bann?". Der schaut ihn an und sagt: *„Jo sicher es dat en Bahn, och wenn do keine Cowboy op dä Lok sitzt!"*. Ich stieg ein, der Zug fuhr ab und ich sah noch, wie der arme junge Mann, der nach Bonn wollte, resigniert den Rucksack auf den Bahnsteig stellte.

Und jetzt *lommerens luuure,* welche Klangwolken das Rheinland so aufzubieten hat.

„Schättat" ist so ein Fall. Schättat? Nein, nicht Ludwig der XIV. und sein legendärer Satz „Schättat c'est moi" ist da gemeint, sondern eher „Schättat ewwer nit jedon an Dinger Stell!".

Oder:

„Kaschmir". Klar, Kaschmirpullover, warm aber teuer, denkt jeder. Aber: enee. Weil: Kaschmirpullover *„Kaschmir nit koofe, esu düür wie die sin!"*.

Oder:

Wir kennen physikalische Bezeichnungen rund um die Elektrizität. Wir kennen Watt ... wat? jo, Watt, wir kennen Ampère, was jetzt eher ins Ruhrgebiet fällt, wenn am Gitter steht: „Bitte nich am Bär packen!“, wir kennen Volt. Was zum Teufel ist aber „Schwollt“? Janz einfach. *„Schwolltens jefrog han, wat am Bär packen heiße soll …!“*

Oder:

„Bischweg“. Was oder wo das nun wieder sein soll? „Bischweck“, klingt ein bißchen määnzerisch, der Weck von einem Bischof vielleicht, eben ein Bischweck? *Enee. Dat es esu:*

„Sarens Jupp, besse immer noch am suffe?“

„Enee, bischweg von!“

„Watsch“ ist auch eine dieser rheinisch-bayerischen Kreuzungen, die kein Mensch entziffern kann, der sie zum ersten Mal hört. Watsch: eine Watschn? Nee, kann nicht sein, mir sin jo em Rheinland. Watsch hat mit Gewalttätigkeiten überhaupt nichts zu tun. *„Ich weiß nit mieh, watsch wisse wollt!“*.

Und der Klassiker, der jeden Vegetarier an die Decke bringt: die Sätze mit Fleisch.

„Liebelein, wo es dann ming Brill?“

„Fleisch ungerm Desch?“.

Und ein Klang, der nur noch Experten entziffer- und genießbar ist:

„Wat wor dat dann?“ „Fleisch en Fleech?“.

Der rheinische Plural und seine Bedeutung für die hochdeutsche Sprache

Es ist schon ganz interessant, wenn man mal schaut, wo das Hochdeutsche im Vergleich zum Rheinischen danebenliegt. Nehmen wir mal Beispiele aus der vergleichenden Mehrzahl- oder Pluralforschung. Oft ist es so, daß erst im rheinischen Plural die richtige Bedeutung des hochdeutschen Wortes herauskommt, beziehungsweise das Rheinische das, was dahintersteckt, ans Licht bringt.

Gehen wir vor nach dem Modell:
hochdeutsch: die Leute
rheinisch : *de Lück.*

Also: die Leute - de Lück, die Meute - de Mück! Jaa! Sehen Sie, was da schon passiert. Die Meute wird im Rheinischen zu dem, was sie ist, zur Mücke, weil sie einen verfolgt, piesackt und sticht. Wunderbar. Die Meute - de Mück.

Weiter: die Bräute - de Brück! Wunderbar! Sind sie nicht Brücken, die Bräute, Brücken vom traurigen Single-Leben des jungen Mannes zum prall-vollen Leben des reifen Erwachsenen mitten in einem strahlenden Familienverband, der eigentlichen Erfüllung deutsch-menschlichen Lebens? Na also!

Oder ein Beispiel aus dem Krieg: die Beute - de Bück! Klar, bücke sich, wer was erhalten will, oder: wer den Pfennig aufheben will, muß sich bücken. Wie plastisch, wie deutlich, wie klar ist doch da schon das Rheinische gegen das abstrakt-verschämt-versteckende Hochdeutsch!

Oder: die Zähne - de Zängk und weiter: die Tränen - de Trängk, was jeder nachvollziehen kann, der nah am Wasser gebaut hat. Da kann leicht aus Tränen eine Tränke werden, glücklich, wer solche Umstände zum eigenen Vorteil nutzen kann!

Und dann natürlich : die Po's - de Föttche und entsprechend die Po-eten - de Föttchesföhler, weil sie sitzend Gefühle aufs

Papier zu werfen versuchen, die Posaunen sind Föttchesströöte un die Po-st ist sowieso für'n A ..., *hätt ich baal jesaat!* Und jetzt sind Sie dran. Machen Sie da weiter, *Sie werden sehen, wat dat für Spaß maache kann.*

Übersetzungsfehler

Daß Sprache oft mißverständlich sein kann, wer wüßte es nicht oder hätte es nicht schon selbst erlebt. Eine schöne Geschichte in diesem Zusammenhang ist einem Freund von mir passiert.

Ort der Handlung:

Lago Maggiore.

Ein Bekannter hat dort eine wunderschöne Villa, in die er seine Bonner Freunde über ein verlängertes Wochenende zu Besuch lud. Sie wissen schon: diese klassische Herrentour.

„Liebelein, mir sin zwei Daach beim Jupp unge“ und eine Woche später heißet dann:

„Wo küs Du dann he?“

„Jo weiße doch, mir wore zwei Daach beim Jupp unge!“. Normal.

Die Freunde kamen an, man aß, man trank, man amüsierte sich. Am nächsten Tag: schönes Wetter, also schwimmen und Bötchen fahren. Bötchen fahren tatsächlich, denn der Gastgeber hatte ein kleines Motorboot vor Anker liegen, mit dem natürlich jeder mal fahren wollte. Nun ist das mit den kleinen Motorbooten so: Gang rein, das Ding fährt, Gang raus, das Ding hält. So einfach ist das. Man muß es aber wissen. Also: jeder war an der Reihe, machte ein paar Runden und schön. Als letzter nun kam der Zahnarzt dran. Sie wissen ja: jede dieser etwas arrivierteren Herrenrunden hat einen Zahnarzt dabei. Mal einfach nur so, mal deshalb, weil ja einer immer dabei sein muß, der Kohle hat. Dieser Zahnarzt gehört allerdings zu einer seltenen Spezies: er ist sehr, sehr groß und entsprechend sehr, sehr groß sind seine Hände. Was natürlich seine Klientel einschränkt, weil: wer einen großen Arbeitsplatz braucht, kann nicht überall tätig sein. Ich hab es probiert und muß sagen: *so weit konnt ich der Mund gar nicht aufreißen, wie dä für sing Hängk jebruch hätt.* Er also ins Bötchen, lang und vierschrötig steht er hinterm Steuer und zieht hinaus auf hohe See. Paar Runden, hier ne Acht und da ein Halbkreis, dann Rückfahrt Richtung Landesteg. Die Freunde erwarten ihn schon am Ufer, als plötzlich der Zahnarzt im Boot verzweifelt zu winken anfängt. Er rudert mit den Armen in der Luft, er deutet auf das Boot, er zuckt die Schultern und das Boot fährt gradewegs auf das Ufer zu. Blitzartig wird dem Gastgeber klar: der Zahnarzt weiß nicht, wie er das Ding zum Stehen bringen soll. Panik kommt auf, so schön ist es ja auch nicht, wenn die Express schreibt: Zahnarzt am Ufer zerschellt. Er hält die Hände an den Mund und brüllt dem Zahnarzt zu:

„Jang erus! Jang erus!“.

Und schwupp! sprang der Zahnarzt in den See!

Der rheinische Humor am Beispiel eines Gedichtes von Heinrich Heine (Düsseldorf)

Heinrich Heine gilt den Literaturwissenschaftlern als der Erfinder der Heine'schen Ironie. No, welcher denn sonst. In Wirklichkeit ist es so, daß Heinrich Heine nicht etwa eine eigene Art von Humor erfunden hätte, nein, er hat lediglich den klassischen rheinischen Humor in Verse gefaßt. Nichts liegt dem Rheinländer ferner als falsche Romantik. Er hat ein feines Ohr für falsche Töne. Ich nenne nur ein Beispiel:

Tünnes un Schääl stehen auf der Deutzer Brücke und starren auf den Rhein. Da sagt Tünnes:

„Och Schääl, ich dräumen. Ich dräumen: do unge wör ei Schiff, un op demm Schiff wör ei Kiß, un in dä Kiß sinn lauter Diamante un Jold und Silber, un ich dät eravspringe op dat Schiff un dä janze Schatz wör ming un ich hätt ming Levve lang kei Laß mieh!"

„Jo?", sät dä Schääl, „ei Schiff? Wo dann?"

„Do unge"

„Un ei Kiß met Diamante?"

„Jo"

„Hürens Tünn, wenn Du minge Früngk bes: kumm, jevv mr doch ei paar Diamante!"

„Du Jeck: dräum Dr doch selver en Kiß met Diamante!".

So ist er, der rheinische Humor: im letzten Satz, in der Pointe gnadenlos realistisch und wunderbar.

Auch bei Heinrich Heine, un das ist das Rheinische an ihm:

„Das Fräulein stand am Meere
und seufzte lang und bang
es rührte sie so sehre
der Sonnenuntergang

Mein Fräulein! Sei'n Sie munter
das ist ein altes Stück
hier vorne geht sie unter
und kehrt von hinten zurück."

Höflichkeit

Aber hier: *wo Sie jrad sage, Höflichkeit. Es jo och esu ei Kapitel, ne.* Sagt ja schon der Dichter: höflich sei der Mensch, hilfreich und gut! *Schön, aber wer es dat schon.*

Ich meine, sicher: *da jittet ganze Länder, do jehört Höflichkeit dabei.* Der Engländer es ja so ein Fall, ne.

Kein Henker, der nicht beim Betreten des Schafotts zum Verurteilten sagen würde: „Bitte nach Ihnen, Sir!". Ich mein: es doch schön.

Oder hier: der Franzose. Einmalig! Wat der für Sätze bildet, nur um zu zeigen, wie höflich dä es, also unwahrscheinlich. *Hier: sare mr mal, du jeihst, jetzt als Fanzose natürlich, övver die Stroß un do kütt eine Bekannte, du bis der am jröße, ewwer dä denk nit dran, zurückzejröße. Do jeiht dä Franzos hin, packt der Bekannte am Krage und sagt für demm:*

„Est'ce que vous voulet dire 'bonjour', s'il vous plaît?"

Und dat heißt:

„Ist es so, daß Sie guten Tag sagen wollen, wenn es Ihnen gefällt?"

Unwahrscheinlich. Jot - dä Franzus hätt Zick ze basch, der tut ja nix anderes als wies essen, trinken und unseren Frauen nohpfeife. Normal.

Nur: wie isset dann bei uns he? Also der Deutsche, jot, dat er jetzt besonders höflich wör, könnt man nicht sage. Höflichkeit es jo quasi die ständige Bereitschaft, den Hintern zu lüpfen. Andeutungsweise. Und das setzt natürlich voraus, *dat der Kopp nicht zu schwer ist. Klar. Und dat is beim Deutschen nicht der Fall. Nicht dat er jetzt ständig gedankenSCHWER, wie man so sagt, durch die Gegend laufen tät und deshalb den Hintern nicht mehr hochkritt. Nee, nee. Das hat mit den drei Worten Denken, Meinen und Sagen zu tuen. Gucken Sie mal: dem Deutschen is ja nix wichtiger als wie die sogenannte Ehrlichkeit. Also dat einer aus demm, wat er denkt, jetzt keine*

Mördergrube macht. Klar. Das ist aber schon dat Vertrackte. Weil:

Wer sagt, wat er denkt
und meint, wat er sagt
hat jemeint, dat er jedacht hat!

Und schwupp es dat Hirn em Kurzschluß, Kabelbrand im Herzschrittmacher und esu.

Do es et doch besser, man sagt direkt, wat man meint, dann braucht man nicht mehr zu denken!

Und weil jetzt jeder Deutsche vom anderen weiß, dat do kei Zick mieh für Höflichkeit es, hat er eine eigene Sprachregelung gefunden, in der gnadenlos zum Ausdruck kommt, wie unfähig der Deutsche zur Höflichkeit ist: der Irrealis der Höflichkeit.

Irrealis is, wenn man sagen will, wat schön wör, aber weiß, dat et nit jeiht. Konjunktiv II, also Möglichkeitsform in der Vergangenheit. „Wör ich nit he, könnt ich bei meinem Liebelein sein", wär schön, es evver nit, willse maache.

Und so isses auch mit der Höflichkeit. Man sagt nicht, wenn man höflich sein möchte: „Bringen Sie mir noch ein Kölsch!", sondern man sagt: „Wären Sie wohl so freundlich ...". Es doch interessant, ne! Das heißt ja, daß ein Deutscher dem anderen unterstellt, nicht höflich sein zu können, sonst würde er es ja anders formulieren! „Wären Sie wohl so freundlich ..." fordert die Antwort „Ä-ähh" geradezu heraus, höchstens noch ein „Muß ich mal gucken, vielleicht".

Da ist die rheinische Form doch wat janz wat anderes. Der Rheinländer ist höflich, jeder weiß es, jeder erfährt es jeden Tag, deshalb braucht der Rheinländer auch nicht zu so verquasten Konjunktiven zu greifen. Er bleibt im Indikativ bzw. im Imperativ, weil er Höflichkeit voraussetzen kann, und sagt: *„Sid esu jot un doot mr noch ei Kölsch!" Un wat es: er kritt et!*

Der Rheinländer auf internationalem Parkett

Der Rheinländer es eine höfliche Minsch. Zu Hus suwiesu - weiß jeder, dä bei einem Köbes schon mal ei Wässerche bestallt hät („Wie: Wasser? Sin mr he em Aquarium?") - un em Urlaub och. Nun es et met dr Höflichkeit ewwer ei eijen Ding. Weil: mr muß die Sproch, en dä mr höflich sin will, jenau kenne, suns jeiht et donevve. Schullfranzösisch es esu eine Fall.

Do fährt die Famillich et iezte Mol noh Frankreich. En Valenciennes es Tanke anjesaat. Dr Bap kromb sing Wisse vun domols erus un sät für dr Tankwart:

„Est que vous voulez faire Super le plein, s'il vous plaît?".

Wat esu vill heißt wie: "Ist es so, daß Sie mir super den Vollen machen können, wenn es Ihnen gefällt?".

Jot, denk sich dä Franzus, willse mache, et jitt esu ne un esu ne un verdrieht die Auge un fängk an, malerisch öm de Zappsäul ze torkele. Dr Bap luurt wie ei Auto un sät dann für sing Fammilich:

„Nix verstonn ewwer suffe! Nee, nee, dat es ei Vollek, die Belgier!".

Oder hier: Italien.

Em Stroßecafè. It flötet in höflichster Tonlage: „Potrebbe portare per me un cafè, per piacere?".

Wat esu vill heißt wie: „Könnten Sie für mich einen Kaffee tragen?".

Un dr Kelllner:

"Si signora, dove?" „Jo, junge Frau, wohin?".

Mr süht, 'Höflichkeit ist eine Zier, doch weiter kommt man ohne ihr'. *Do es et besser, mr bliev en sing eijen Sproch un mäht et wie dr Worms, vormals Landtag jetz FC-Fan. Dä soll - han ich jehürt - domols et Maggie Thatcher besöök han. He sitz em Vürzimmer un es am waade. Do kütt dr Butler un frägt janz höflich dä Worms:* „Coffee or tea, Sir?". *Un dä Worms dodrup: „Sid esu jot!". Dat es zwar och donevve, ewwer immer noch besser als dat berühmte* „Equal goes it loose" *(Jilich jeiht et los!), wat dä Lübke domols für die Queen Elizabeth jesat han soll.*

Kleine Anekdote zur Kölnisch - Düsseldorferischen Freundschaft

Jeder Rheinländer weiß, wie grün sich die Düsseldorfer und die Kölner sind. Die einzig wirklich existierende harte Grenze in Europa, die Kölsch-Grenze oder, aus Düsseldorfer Sicht: die Alt-Grenze, ist immer durchlässiger geworden. Menschen fahren immer häufiger von Düsseldorf nach Köln, manchmal sogar umgekehrt, es soll sogar eine namhafte Kölsch-Brauerei geben, die ihr Bier in Düsseldorf in Flaschen abfüllen läßt, weil sie über keine eigene Anlage verfügt (die entsprechenden Transporte werden zur Zeit zwar noch nachts durchgeführt, aber das wird sich sicher bald ändern, wenn alle Brauereien den Dortmundern gehören), man sieht also positive Anzeichen einer menschlichen Annäherung und eines wirtschaftlichen Zusammenwachsens, wie es sich für zwei, wenn auch grundverschiedene, Demokratien gehört. Dazu paßt folgende Anekdote, die mir ein - das muß ich einschränkend betonen - Westfale erzählt hat.

Drei Väter warten in einem Krankenhaus darauf, ihre neugeborenen Kinder sehen zu dürfen: ein Düsseldorfer, ein Kölner und ein junger Vater aus dem Senegal. Da kommt die Stationsschwester herein und sagt:

„Meine Herren, dat tut mir furchtbar leid, die drei Geburten waren so gleichzeitig, dat mir die Kinder verwechselt haben. Wir wissen einfach nicht mehr, welches Kind zu wem jehört. Und da haben wir uns jedacht: wissen Sie wat? Suchen Sie sich einfach eines aus!“.

Und führt die Väter zu den drei friedlich schlummernden Säuglingen.

Mit schnellem Schritt tritt der Kölsche vor und nimmt mit sicherem Griff das schwarze Kind in den Arm. Entgeistert starrt ihn die Schwester an und sagt:

„Aber das kann doch unmöglich Ihr Kind sein?“.

„Dat nit“, säht dä Kölsche, *„ewwer dat es dä einzigste Panz, dä mit Sicherheit nit us Düsseldorf kütt!“* und geht.

Der Alltags-Alzheimer

Daß der Rheinländer gerne spricht - normal. Daß er aber auch unglaublich hartnäckig sein kann, überrascht. Wo er doch ansonsten in allen Lebensbereichen esuuu flexibel ist! Und wenn sich das paart: Rededrang und Hartnäckigkeit, dann kommt so was heraus.

„Sagens, jestern han ich dä Dingens jetroffe, wie hieß der nochens, dä Fuss us dä Maxstroß, Du kenns dä och …"

„Wemm dann?"

„Dä med de fussije Hoor - us dä Maxstroß …"

„Dä kenn ich net"

„Sicher kenns Du dä, dä Dingens, jetz sach doch schon…"

„Jo, ich kenn dä ewwer net"

„Doch, sicher, Herrjott, wenn mir jetz nur dä Name infalle dät, hier: dä Fuss do …"

„Ich weiß net, wemm Du dann meins"

„Sicher weiß Du dat, der wor jo immer met dem Dingens zesamme, och Jott, jetz loß mich doch net esu hänge, wie heiß dä dann …"

„Jo ewwer ich sagen jo: ich kenn dä nit"

„Doch kenns Du dä, sicher, hier: dä Fuss … us dä Maxstroß … ich han et op dr Zung, dä immer esu komisch lööf, kumm, jetz sach doch jilich dä Name …"

„Ich kenn dä nit"

„Und obs Du dä kenns, dä wor jestern noch, wor dä em Dingens …"

„Wo dann?"

„Hinge, em Dingens, also dat mir jetz dä Name nit infalle will, jetz hilf mir doch …"

„Jo ewwer ich weiß net, wemm Du meins"

„Doch, sicher, Herrjott, dä wor jo noch mit uns zesamme en dr Dingens domols, hier: dä Fuss, dä kleine, die Stinkdrüs do, sach doch …"

„Kann ich ewwer nit“

„Sicher kanns Du dat, dat wor, wo mir noch esu jelaach han, hinge em Döppe, weiß Du nit mieh?“

„Enee“

„Jo es et dann … dat mööts Du ewwer noch wisse, dat wor, wo Ding Frau noch jesat hät, jetz wör et ewwer Zick für noh Hus ze jon un mir …“

„Ahso, Du meins dä Fuss?“

„Jo sicher, dä Fuss!“

„Us dä Maxstroß?“

„Jenau - dä mein ich!“

„Dä kenn ich net!“

Die Überraschung

Lebst Du so richtig im Rheinland, bist Du nie vor Überraschungen sicher. Ich sitze in einem Café in Bonn. Es ist vormittags so gegen elf Uhr, einer dieser Tage, die kühl anfangen, um dann mittags sich in klebriger Hitze aufzulösen. Ich trinke einen Espresso und lese die lokalen Zeitungen. Neben mir setzen sich zwei junge Männer hin, eifrig in ein lockeres Gespräch über den vergangenen Abend und die Anzahl der Striche auf dem Deckel vertieft. Nach einigen Differenzen darüber einigt man sich auf eine solide Zahl und schweigt einen Moment. Dieses Schweigen stört meine Ruhe dergestalt, daß ich einen Moment zu den beiden rüberschaue. Mein Blick fällt - was sollte er sonst schon tun, als irgendwohin zu fallen - auf die Armbanduhr, die einer der beiden trägt. Leuchtend grün, viereckig länglich um den Arm geschmiegt, ein Wahn-sinns-teil. Wo hat dieser Mensch diese Uhr her? Wo kann man so etwas Extravagantes bekommen? Und: wieviel kostet so ein Teil? Ich spreche ihn an:

„Entschuldigen Sie, woher haben Sie diese Uhr?“

„Och“, sagt er, *„dat Teil han ich für 115 Mark letzt Johr jekoof. Warum?“.*

„Weil es eine originelle Uhr ist. Woher haben Sie sie?“
„Dat es eine, zementens, Fossil us Italien. Met Datum. Schön“

„Ja, schön“

Ich drehe mich wieder um, widme mich der Lokalpresse und vertiefe mich in meinen Kaffee. Ich hatte das kleine Gespräch, nicht die Uhr, schon fast wieder vergessen, als plötzlich der Uhrbesitzer neben mir steht und mich anspricht:

„Sie sin doch dä Beikircher, ne?“

„Ja“

„Wissen Se wat? Ich sin eine spontane Minsch, un Sie sage jo immer, dat mir Rheinländer esu spontan sin. He, nemme Se

dat Teil, ich schenken et Ihne. Sie han mir mit „Himmel un Ääd“ un met „Wie isset? Jot!“ esu vill Freud jemaat, esu vill schöne Stunde, ich schenken Ihne dat Teil. Et hat Ihne jefalle, lommer nit mieh dodrüvver redde - bevür et mr leid dät: dä!“

Und drückt mir die Uhr in die Hand und verschwindet. Nun trage ich diese grüne Uhr an grünen Tagen - Uhren sind eine Tagesgefühlsangelegenheit - und freue mich darüber, daß ein Mensch mich so beglückt hat. Einfach so. *Es dat nit schön?!*

Der Rheinländer als Feminist

Tach zesamme, ich sin jrad dobei, jet zum Thema „Männer sind zu faul zum Putzen“ *ze schrieve, weil … wat es? Dä Klein hätt en die Buzz jedrisse? Zementens, ich kummen … also, wie jesagt, ich wollt zum Thema* „Männer sind zu faul zum …“ *… Wie: Du finds dä Eimer net? Hinge em Kabäuschen! Wie: do es nix? Jo wo es dann dr Eimer? Waadens, ich gucke mal em Gästeklo … Dat Thema also „Männer sind zu faul …“ …Schmierseif? Oh, zementens, die han ich jestern em Keller jesin … Wie: wat hätt die dann em Keller verlore? Vielleicht wor ich do jestern am putze oder wat! Nee, loß, Liebelein, ich holle Dir flückens die Seif … Ich wollt also, wie jesagt, zum Thema* „Männer sind zu …“ *… Och Liebelein, jetzt loß doch dr Eimer, ich mach dat dann später, jo? Wie: dat kenn ich? Wat soll dat dann heiße? Ich han jetzt kei Zick für ze Putze, ich sin am Schrieve … Also, dat Thema wor, zementens, ah jo, hier:* „Männer sind …“ *… Wie: dä Aufnehmer es fott? Jo wo es dann dä Aufnehmer? Ah jo, tschuldigung, Liebchen, dä han ich in dä Garage jebruch, vürjestern, vür dat Öl wegzemache, zementens, ich bring dir dat Teil … Ich mein, do jitt et jo vill ze schrieve, zu dem Thema* „Männer …“ *… Wie: et es erledigt? Hässet Putze dra-jejovve? Wat? Feedich? Jo, ewwer ich sage jo, dat ich dat später sellver jemacht haben wollt …* Wie: danke für die Hilfe? *Nix ze danke, Schatz, ich helfen jo jään mingem Liebchen, ne, wenn et jeiht … Also ich muß jo sage, zum Thema* „Männer sind zu faul zum Putzen“ *fällt mir eijentlich nix ein, ne, weil: bei uns ze Hus es dat esu partnerschaftlich opjedeeld, do packen ich jenau esu an wie ming Frau, ne, ich sage immer: Arbeitsteilung es dat Jeheimnis einer jlöcklichen Ehe, ne!*

Die rheinische Post

Bei uns kommt die Post immer gegen Mittag. Ich freue mich immer schon darauf. Und auf den Briefträger. Abgesehen davon, daß er eine wunderbare rheinische Frohnatur ist, ist er auch der Vertrauensmann des ganzen Viertels. Er kennt alle und weiß alles.

„Tach, Herr Beikircher“, sagt er schon auf der Treppe, *„hück es evver Poß dabei, mein lieber Jolly. He, vum WDR, dat es esu dick, do sin sicher Verträge drin, ne, passens bloß op, dat die Sie nit övver dä Desch trecke, ne, ich mein: bei demm, wat man esu an Jebühren zahlt, muß och jet für Sie avfalle, ne. Die han jo Geld ze basch. Dan es he noch jet vun dr Versicherung, han Sie dann eine Unfall jehat oder wat? Dat es jo immer schlimm, ne, hinge op dr 77, dä es jo unger't Auto jekumme, wat meinen Sie, bis dä dat Jeld jekräje hät, dat woren jo Kilo, wat ich do an Poß nur vun dr Versicherung noh demm jetrage han, dat Porto, wat die do usjejowwe han, dofür hät dä noch eine Unfall han könne. Dann hammer noch he vum Auto, pass bloß op, do es sicher dä Kfz-Sching drin, net dat Sie dat verschlampe, ne, dat bruch mer jo, dat Zeug. Es schön, dä neue Wage, wat Sie do han, wenn dat nur met denne Parkplätz nit wör, also he en dr Stroß ene Parkplatz ze finge, dat es jo unwahrscheinlich es dat jo, jot, Sie han de Garage, do jeiht dat, ne. Un he hammer noch jet vum ZDF, wat han Sie dann em ZDF jemaat? Han ich nix von jesin un ich gucke ja schon mal, ne, hab ich Sie neulich auch jesehen, hab ich jestern noch met dr Frau Dingens vun dr 84 drövver jesproche, dat es jo wirklich, also: wo kriejen Sie dann immer die Ideen her? Un dat stimmp jo immer esu hoorjenau, ne, also wie die Lück manchmol esu spreche, ne, dat es unwahrscheinlich! Also dann, sch-muß weiter, ne, tschöö, Herr Beikircher, bes morje!“. Es dat net schön? Esu jet jitt et nur bei uns em Rheinland!*

Dä Käfer

„Luurens", sagt er, trinkt bedächtig einen Schluck Kölsch und setzt wieder an, *„luurens, esu eine Käfer, dat es doch ei ärm Sau! Lööf die Wand erop un erav, kann sich kei Zarett anmaache, kennt kei Weihnachte un kei Pingste, vum Karneval janz ze schweije, obwohl: esu eine Käfer met einer Pappnaas wör och jet feines, ne, hehe, sch-mein: dat es doch kei Lewwe, ne, wat esu eine Käfer hät, dä janze Daach jet ze esse un jet ze drinke am suchen, av un an die Käferbraut, jot, un nüß als wies Angs Daach un Naach, dat esu eine Riesenschuh kütt un ihn plattmacht. Also ich weiß et jo nit. Obwohl: tusse mir noch ei Kölsch! obwohl: wenn man sich esu überlegt, schmeine, Danke!, könnt jo och sein, dat do övver uns och esu eine Riesenkääl mit Schohn esu jroß wie Kölle steiht und sich denk: luurens, esu eine Minsch es doch ei ärm Sau! Hehe. Un wenn man et jenau betrachtet: esu anders es et bei uns jo och nit: dä janze Daach bisse am maache un don, dat Du un Ding Famillisch jet op dr Desch krieje, av un an schön met Dinger Frau dingens, ne un ansonsten ständig die Angs, datte plattjemacht wirst. Ich mein: sicher, nit immer, ne, es klar, ewwer amfürsich es et jo nit vill mieh, uns Lewwe, ne. Jot: Freud, es klar. Freud kennt dä Käfer nit. Ewwer - wann han ich mich et letztmol jefreut? Dat es och lang her, Du leven Jott, dat wor, zementens, wann wor dat dann? Huhzick? Nee, do wor ich esu hackezu, do wor kei Platz mieh für sich ze freue! Pänz? Jo, wor schön, ewwer wie dat dann met dem Jebrülls naachs losjing, wor dat met dr Freud och nit mieh esu vill, ne. Audi, jo, do han ich mich jefreut, wie ich mir dä Audi leiste kunnt, jo, do muß ich sage: do han ich mich jefreut. Ewwer sons? Hm, es ewwer en interessant Frog, ne: wann sich einer et letztmol jefreut hät. Hier: Franz, wann häs Du Dich dann et letztmol jefreut? Wat? Jestern ovend? Warum dat dann? Weils Du do Ruhetag hattst? Dat es doch kei*

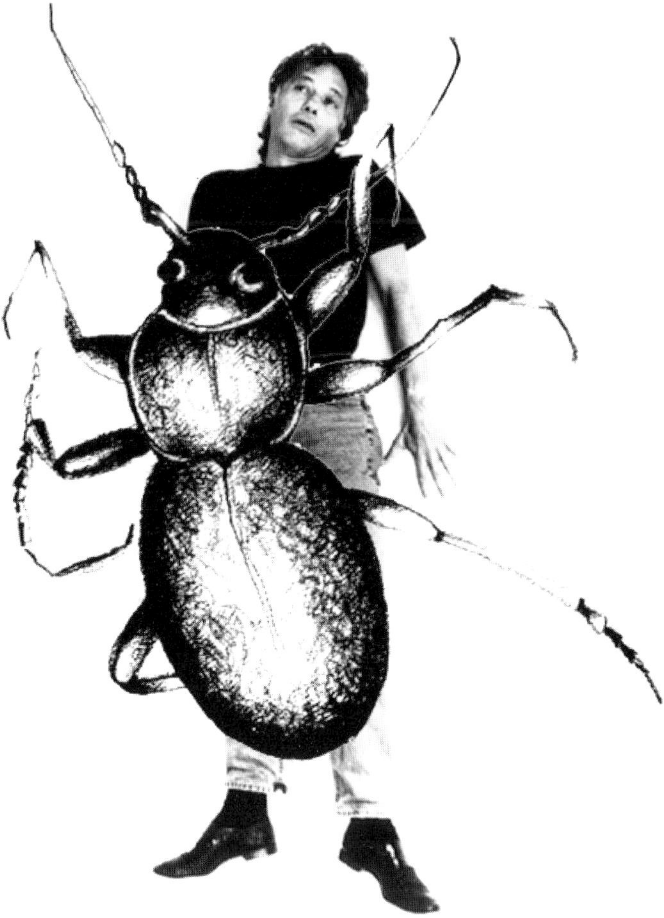

Freud, dat es normal! Wie? Un weil dat dä einzigste Daach en dr Woch es, wo ich Dir nit die Uhre zoschwaade kann? Hehe, dä Franz! Do hässe Rääch! Dat es sicher en Freud! Tusse mr noch en Kölsch? Weil: Du weiß jo, wer trinkt, spricht nicht!"

Der rheinische Christkindlmarkt

Azvent! Christkindlmarkt! Duft von Glühwein, Kerzen und Tannenbaum. Silberhelle Kinderstimmen aus den Lautsprechern. Da wird einem so richtig weihnachtlich ums Herz. Hören wir uns doch einfach mal um:

"Nee, Marcel, jetz es et jot, du wors at dreimol om Karussellche, dat reicht - Minsch, Marieche, paß doch op, luurens do, dä janze Ketchup om Ärmel vun demm neue Pullöverchen - nee, Marcel, do kannse bidde un beddele wie de wills, ich han kei Jeld mieh für dat Drißkarusellche - Tach, Frau Keuenich, jaa, herrlich, ne, et es immer wieder schön he om ... - Marcel! Marcel! Kumm sofort bei dr Mamm, ewwer hallo, es et dann die Möglichkeit, klimmp dä Jung einfach op et Päd vun demm Karusell - Nee, Frau Keuenich, bruchen ich net, ich han jo noch dä aale Schmuck von ming Eldere, esu schön jitt et jo hück nit mieh - Mariechen! Bliev mir met dä Woosch von, ich han minge Mantel erst jestern us dä Reinigung - Marcel! Net do dran packe! Dat es Jlas, dat jeiht ... Dä! Jetz hammer dä Driß! Wat es? 29 Mark? Dat bißje Jlas? Wie: mundjeblasen? Jo un? Han ich schönere ze Hus - Minge Jung hät dat doch net mit Absicht, ich bitte Sie ... Nix! Von weje 29 Mark, keine Jrosche krieje Sie vun mir, wat müsse Sie dat Zeuch och esu wigg vürre hindrapeere, dat muß jo falle, hier: ich han Zeuge - Frau Keuenich, han Sie dat jesin? - Nee, Marieche, du kriß kei Fritte mieh - Marcel, loß lieje! Um Jottes Wille, jetz hät sich dä Jung en die Fingere jeschnigge. Dat sin Sie schuld, hier: Bloot. Kumm Liebelein, brauchst nicht zu weinen, die Mama tut dir do zu Hus e fein Pflästerchen drop un dann es et jot... 29 Mark! Ph! Die han sie jo nit mieh all he om Weihnachtsmaat ... ". Tja: süßer die Glocken nie klingen!

Weihnachtsstress

Ein ganz normaler Heiligabendnachmittag. Sie schmückt die Tanne, er kramt im Flur im Kabäuschen.

"Sarens, Liebelein, wo hässe dann et Lametta?"

"Em schwazze Kattong, Liebchen"

"He es ewwer keine schwazze Kattong, Liebelein"

"Sicher es do ene schwazze Kattong! Dreck hingerm rude Koffer, Liebchen"

"He es och keine rude Koffer, Liebelein"

"Wie: he es keine rude Koffer? Dä rude Koffer wor immer do, dreck vür dem schwazze Kattong mem Lametta, Liebchen"

"Ewwer he es keine Koffer un keine Kattong!"

"Dä Koffer wor ewwer immer do. Wo hässe dann dä Koffer hinjedon?".

"Ich han dä Koffer övverhaupts net anjepack. Meins Du, ich jing an Ding Saache? Dat han ich mir zick Johrzehnte at avjewennt!"

"Wat soll dat dann heißen?"

"Dat soll heiße, dat ich mich im Levve nit an Ding Unordnung jewenne kann und dat ich deswäje die Fingere vun losse!"

"Un dat sähs Du mir jetz? Noh 35 Johr? Do hät man sich avjeplag, do hät man e Levve lang opjeräump, do hät man für all ei Plätzche jeschaffe, domet Du et schön häs, do schmück man sich am Baum die Finger wund, un dann esu jet ..."

"He: ming aal Schohn, die fottjeschmiße jehüre däte un dreck dodrunger ei Kasten Kölsch, ES DAT ORDNUNG? Un donewwe die Kiß mem Heffpflaster, ES DAT ORDNUNG?"

"Esu sin die Männer: dat einzigste, wat sie künne, es: Froge stelle! Ewwer Antwort jewwe: do kannse ei Lewwe lang drop waade! Weiß Du, wat Du mich langsam kanns? De Mai piefe, Du jecken Doll. Un dä Baum kanns Du Dir och at selver schmücke. Ich jon noh ming Mutter!"

Paff! Dür zo. Jetz ei Schnäpsche, für sich ze beruhige, dann flück dä Baum jeschmück. Un wenn sie nohm Stündchen noh Hus kütt (it wor jet Huhwasser luure):

"Do besse jo, Liebelein, dät mr leid" und "Fröhliche Weihnachten, Liebchen" un e Büzzje. Normal!

Der Abkürzler

Ich kenne einen Rheinländer, der die Verbal-Stenografie erfunden hat. Er spricht konsequent nur in Abkürzungen.

Fragst Du ihn, wie es ihm geht, sagt er:

„D J - Danke, jot!"

Verabschiedet er sich, sagt er:

„D B M - dann bis morgen!" oder „B D T - bis die Tage!".

Man braucht einige Zeit, um sich dran zu gewöhnen, aber dann …

Ich besuche ihn auf einer Baustelle.

„Tach, Herr Dingens"

„A D L J - *ach du leven Jott,* S O N - *Sie och noch!"*

„Wie, Stress om Bau oder wat?"

„Wissen ja, H K D N W - hier klappt doch nie was!"

„Jo, dann jon ich widder"

„A A V K ! - Augen auf, Vorsicht Kabel!"

schreit er mich an, ich stolpere aber bereits, was er mit

„D L D N - der lernt dat nie" kommentiert und nachschiebt:

„Z M B I E P S - zwei Meter Blödheit in EINEM Paar Schuh!". Ich stehe auf und schaue ihn etwas verärgert an, worauf er sagt:

„I W B N - ich weiß, Bloch nervt" und

„N F U - *nix für unjot*" und

„B D T - Bis die Tage" und

„I H Z T - ich hab zu tun" und sich abwendet und weiter arbeitet.

Wie mag Herr Bloch wohl seiner Frau beiwohnen, falls er es tut?

„K J B M B - *kumm jet bei mich bei"* und

„K D D Ö - *kumm, drieh dich öm"* und

„N E D S - *nee, es dat schön"* und

„O H N O - *och, hür nit op"* und

„I S E W - *ich sin esu wick"* und

„W W E D - *wie wor et dann?"* und

„D D M L - *dat dät mir leid*“ und
„D S S S - *dann schlof schön, Schatz*“.
Und wer weiß, ob seine Frau nicht antwortet:
„E E J J - *et es jo jot*“
oder doch vielleicht: „L M A A“?

Der rheinische Mond

Wissen Sie noch - die Landung auf dem Mond? *Alees jeloge! Armstrong, dä Mann im Mond - ph! Dat wüßt ich ewwer! Die han domols en enem Film-Studio jet Sand opjeschütt, paar Felsbrocke hinjeschmisse un dat janze à la Spielberg opjenomme. Dohinger ei Leinwand, eine halve Jlobus drop-projezeet, un dä Fall wor jeritz. Un en dä Kuliss hätt dä Armstrong singe Moon-Shuffle jedanz (Choreojraphie: Michael Jackson). Wat ei Bild! Nur: vun vöre bes hinge jeloge. Weil:*

1. Do bovve jitt et kei McDonalds. Ohne dat es dä Ami opjeschmisse. Weil: wat dem Bergheimer dat Joldkettche, dat es dem Ami singe Hamburger.

2. Domols hätt et noch kei Ozonloch jejowwe, wo mr durch muß, für in et All ze flieje. Also: wie hätt do ei Raket övverhaupts huhkumme künne?!

3. Sellevs wenn sie huhjekumme wöre, sie hätte dat Teil nit jefunge, weil domols Neumond wor. Un wo nix es, kann keine hin.

4. Dä Russ hätt et ei Woch vürher versök. Wat wor: Dä Mond wor ei Sichel un die sin paffdich! do durchjefloge, weil die Sichel ze schmal wor für dodrop lande ze künne. Die han dat Teil nit mieh unger Kontroll jekräje, sin jäje dr Mars jeballert, un die Brocke falle am 2o. Juli op dr Jupiter.

5. Dr Mond es Rheinländer. Vum Wesen her suwiesu: mol es he do, mol es he fott. Ewwer nit nur dat: he paß jenau (ich hannet met dem Antwerpes usjemesse) en de Kölner Bucht 'erein. Un dat es, weil die domols met dem Erfttaler Schaufelradbagger dat janze Becke usjebaggert han un schwupp! nohm Motto: wat fott es, es fott, han die dat Teil durch et Ozonloch noh bovve jedäut. Also: loht Üch von denne Amis nit die Plääț jeck maache. Wo dä hinwill, sin mir at lang!

Und daß einem im Zeitalter der Abkürzungen und Organisationen manchmal was durcheinandergerät, wer mag da richten?

„Ich suche von Lessing: Nato der Weise“

oder

„Unesco: Die Stühle!“.

Oft aber ist es so, daß die Bücher offensichtlich in den falschen Abteilungen herumstehen.

In die Abteilung: Ratgeber Geld gehört ein Werk wie:

„Ich suche von Theodor Storm: Der SchimmelPfennig“.

Zur Science fiction:

„Caesar: bellum galacticum“.

In die Reiseabteilung:

„Goethe: Iphigenie im Taunus“, ich meine: *jot, hä wor jo us Frankfurt, ne,* es sei denn, daß sich dahinter doch eher ein Bildband über den alten Ford Taunus …

In die Art deco Abteilung gehört, wer von

„Dante: Die göttliche Kommode“ sucht.

Wo aber steht von

„Bert Brecht: Mutter Theresa“?

Oder:

„Molière's 'Eingebildeter Franke'“?

In diesen Zusammenhang, also zur Literatur für den kleinen heimlichen Tisch in der Porno-Nische,gehören auch Werke wie:

„Mahmoody: Ohne meine Mutter geht es nicht“

und das Geniale, das Lebenswerk einer Autorin absolut auf den Punkt bringende:

„Ich suche von Anais Nin: Die verbogenen Früchte“!!!

Zum Glück gibt es da noch die Reise-Atlanten- und Geographie-Abteilung. Sie ist gut für Bestseller wie:

„Ich hätte gern nen Globus - aber nur von Europa!“.

Oder, etwas weltläufiger:

„Ich brauche eine Weltkarte, auf der hauptsächlich die asiatischen Länder sind“.

Die entrüstete Frage:

„Haben Sie denn keinen Stadtplan vom Siebengebirge?“

ist eine Kartätsche von ähnlicher Durchschlagskraft wie der Kunde, der aus der terra X Serie ‘Von Atlantis bis zum Dach der Welt’ sucht, und das in die Worte kleidet:

„Bitte einmal von Atlanta bis zum Drachenfels!“. So isser, der Rheinländer, und fragt noch nicht mal nach der Rückfahrkarte!

Teil 3

STANDORTBESTIMMUNG DES KABARETTISTEN

SOWIE

PLÄDOYER FÜR EINE FRIEDLICHE KOEXISTENZ MIT WESTFALEN

UND

NACHWORT

Nordrhein-Westfalen ist Wiege und Hochburg des deutschsprachigen Kabaretts. Seit eh und je. Die Anarchie des Rheinlandes, die Bodenständigkeit Westfalens und die Knorrigkeit des Sauerlandes gaben auf dem Hintergrund der Auseinandersetzungen mit einem gemeinsamen Feind, dem wilhelminischen Preußen, den Nährboden ab für die Ausbildung einer Mentalität, die bis in den Alltag hinein kabarettistisch ist.

Daraus erwuchsen nicht nur Größen des Kabaretts, wie man sie sonst nirgends findet, es zog auch Kabarettisten aus anderen, geistig ärmeren, deutschsprachigen Gegenden an.

Das geht schon mit Einhard, dem Chronisten Karls des Großen, einem typisch Aachener Schlitzohr, los. Seine Schilderungen des Sachsen sind kabarettistische Blüten ersten Ranges, ebenso seine Behauptung, Karl der Große habe deshalb so viele Klöster gegründet, weil er seine unzähligen nichtehelichen Kinder habe unterbringen und versorgen müssen. Da kommt doch schon Freude auf. Ganz zu schweigen von der Hl. Ursula, der Erfinderin der Jungfernfahrten, deren Schiffsreise nach Basel Vorwegnahme und gleichzeitig schon Parodie unserer heutigen Zustände war.

Jacques Offenbach, der Wagner von Deutz, dessen Can-Can der Welt zeigte, was er von ihr hält, und Heinrich Heine sind weitere großartige Belege für meine These von Nordrhein-Westfalen als Wiege des Kabaretts.

Dies waren aber nur die Vorläufer. Die größten Kabarettisten betraten in diesem Jahrhundert die Bretter der Kleinkunstbühnen.

Konrad Adenauer, was für ein Kabarettist! „Hinter Deutz beginnt Sibirien“ ist einer der legendären „gags“, mit denen er seine Fähigkeit bewies, unterhaltsam den Nagel auf den Kopf zu treffen. Meisterhaft auch seine Formulierung anläßlich eines Auftritts im Deutschen Bundestag, bei dem er sich mit dem Thema der Gefangennahme Conny Ahlers’ in Spanien (der Auslöser der Spiegel-Affäre) beschäftigte: „Holen Sie mal einen aus Tanger 'eraus!". Treffend die Umkehrung: „Jede Partei ist für das Volk da und nicht für sich selbst".

Tja, es schmerzt schon beinahe, erleben zu müssen, wie klar Kabarettisten sehen können.

Der Größte von allen aber war und bleibt Heinrich Lübke. Nur im Sauerland, nur in Nordrhein-Westfalen konnte sich ein Talent wie seines zu solcher Reinheit und Großartigkeit entwickeln. Wir alle sind seine Nachfolger, er ist unser aller Vater. Ob Aphorismus oder Rede, ob Sketch oder Ganzkörper-Parodie, er war in allen Sätteln sicher und jeder Bühne gewachsen. Ob er in Berlin vor 250.000 Zuhörern (man überlege: welcher Kabarettist hätte heute so ein Auditorium!) den Knaller losließ: „Sie müßten eigentlich mehr Beifall spenden, weil ich zwischendurch trinken muß, um meine Stimme zu schonen" oder im Vier-Augen-Auftritt zu Willy Brandt über Günter Grass sagte: „Der schreibt so unanständige Dinge, über die nicht einmal Eheleute miteinander sprechen", immer traf er den Nagel gleich von mehreren Seiten. Glänzend auch sein Outfit: in Frack oder Cut und immer mit der breiten, roten Bauchschärpe des großen Bundesverdienstkreuzes, oft auch noch mit der goldenen Sonne und dem Bundesadler auf der Milz. Wer von uns Nachfolgern wagt es denn, so aufzutreten? Das brachte ihm auch Auftritte ein, von denen unsereins nur träumen kann: ihm wurden jahrelang die Neujahrsansprachen im Deutschen Fernsehen anvertraut. In einer davon sagte er einen Satz, den sich jeder von uns auf die Stirn tätowieren lassen sollte: „Ähneln wir nicht zuweilen dem Mann, der sich kurz im Spiegel betrachtete, dann aber fortging und vergaß, wie er aussah?".

So muß Kabarett sein und so war und ist es nur in unserem Bundesland. Heinrich Lübke ist ein Kabarett-Monolith, Pointen-Urgestein, Vollender und Befruchter. Es schmerzt, zu sehen, wie sein Name zur Zeit fast in Vergessenheit geraten ist. Dieser Schmerz wird nur von der Gewißheit gelindert, daß er spätestens ab der nächsten Generation den Platz zuerkannt bekommen wird, der ihm gebührt. Wir Heutigen sind vielleicht doch noch etwas zu nahe dran.

Angesichts der Größe Adenauers und Lübkes haben wir Nachfahren uns für einen anderen Weg entschieden: wir sind Heimatdichter geworden. Natürlich nicht in dem Anzengruber'schen oder Ganghofer'schen Sinne, wir leben ja im lockeren, leichtfüßigen Nordrhein-Westfalen. Aber doch Heimatdichter.

Wir füllen den Regionalismus mit neuem Leben, wir singen das Hohe Lied der Überschaubarkeit der Lebensräume, wir geben den Menschen hier das 'Mensch sein und Mensch bleiben' zurück, das sie in den verwirrenden Zeiten der Bonner Republik und der damit verbundenen Europäisierung fast verloren zu haben glaubten, wir zeigen neue Wege der Identifizierung mit der Heimat auf, wir rufen den Menschen in NRW zu: „Bleibt Lipper, Westfalen, Sauerländer, Rheinländer und Niederrheiner! Der Eskimo läuft auch nicht im Bastrock herum!". Gemäß einer der vielen Devisen Heinrich Lübkes: „Die Finnländer sind ... die könnten eigentlich Westfalen sein".

Deshalb singt Hüsch sein Lied vom Niederrhein, deshalb singen die Missfits und Knebels Affentheater das vom Ruhrgebiet, Becker und Beikircher das vom Rheinland,

Grosche das vom Lipperland, Hoffmann das des Westfalen und Pause und Alich das von Bonn. Um nur einige zu nennen. Und deshalb stimmen die Roglers, Freitags und Busses, das Kom(m)ödchen, die Springmäuse und wie sie alle heißen mögen in das Hohe Lied rheinisch-westfälischen Lebensgefühls mit ein. Hat uns doch auch hier Heinrich Lübke den Weg gezeigt:

„Das freie Wort schlägt unter uns Brücken von Mensch zu Mensch". Und so soll es bleiben.

Nachwort

Nach den beiden rheinischen Plaudereien „Himmel un Ääd“ und „Wie isset? Jot!“, in denen ich meine Sympathie mit Widerhaken für das Rheinland und seine Sprache zum Ausdruck zu bringen versuchte, wollte ich mich endlich anderen Themen zuwenden. Ich komme ‘am-fürsich’ von der Musik her, lange Jahre Geigenunterricht haben mir mit 20 Jahren die Aussicht, Profi im klassischen Musikbereich zu werden, realistisch erscheinen lassen, meine Liebe zu Rock und Blues andererseits hat mich zur Gitarre und zum Klavier gebracht, auch dies schien mir eine Lebenserfüllung werden zu können, dann dachte ich aber an meine armen geplagten Eltern und studierte Psychologie. Diesen Beruf habe ich auch 15 Jahre ausgeführt bis mich die alten Lieben wieder einholten: Sprache, Musik, Bühne.

Fast neun Jahre lang habe ich im WDR Frau Roleber (eher als Frau Walterscheidt bekannt) über die Woche rheinisch herziehen lassen, dann kamen - wie jesagt - die beiden Programme „Himmel un Ääd“ und „Wie isset? Jot!“ und damit der mich völlig überraschende ‘große’ Erfolg. Und damit will der Beikircher aufhören? Ein Aufschrei der Veranstalter, der Theater und des Verlags betäubte meine Ohren. Doch nicht jetzt aufhören! Jetzt, wo der Rubel und der Erfolg endlich rollen!

Nun gut, dachte ich mir, setz Dich nochmal hin, vielleicht fällt Dir doch noch was ein zur rheinischen Sprache, zur rheinischen Mentalität und dem, was ich immer als das ‘Mediterrane’ im Rheinländer gepriesen habe. Ich überlegte mir: wie war es denn, als Du am 19. Oktober 1965 in Bonn angekommen bist? Mir fiel wieder ein, wie kurios ich die rheinischen Klangwolken fand, die mich umhüllten. Selbstverständlich verstand ich kein einziges Wort und das reizte mich damals schon ungeheuer. So wuchs ich - mit Hilfe einer bönnschen Zimmerwirtin, die kein Wort hochdeutsch sprach und bei der ich zwei Jahre lang lebte - langsam in die rheinische Welt hinein. Was ich - kabarettistisch natürlich - darunter verstehe, wollte ich Ihnen in diesem Buch etwas näher bringen, quasi als Substrat rheinischen So-Seins, wie ich es sehe. Daß das kein umfassender Überblick sein kann, ist klar. Da muß einer schon auch meine anderen Bücher zu Rate ziehen...!

Ich möchte Ihnen aber auch in diesem Nachwort sagen: *„Jetz es et jot!“*.

Jetzt bin ich 50 Jahre alt und möchte mich radikaler als bisher auf das besinnen, was mir wirklich wichtig ist: dem, was ich erlebt habe, was ich fühle und was ich denke, Ausdruck zu verleihen. In unterschiedlichen Formen, musikalisch, literarisch oder kabarettistisch, sprechend, singend, lachend und ernst.

Was Erfolg ist, haben Sie mich erleben lassen und dafür danke ich Ihnen allen. Ich bin aber auch sicher, daß Sie mir zustimmen werden, wenn ich sage, daß es nicht Sinn eines künstlerischen Lebens sein kann, nur diesem Erfolg hinterher zu rennen und dabei alles andere aus den Augen zu verlieren. Was dabei herauskommen kann, können wir täglich bis zum Erbrechen sehen, wenn wir die privaten Fernsehprogramme verfolgen.

Dem Glückskind, wie mich meine Mutter immer nannte, ist vieles ohne eigenes Zutun zugefallen und vieles von dem, was Sie in den letzten Jahren amüsiert hat, konnte ich mir im wahrsten Sinne des Wortes aus dem Ärmel schütteln. Einfach so und es schien mir selbstverständlich.

Jetzt überschaue ich, was ich bisher gelebt und getan habe, und empfinde eine große Lust und eine schöne Kraft, meine Talente zu bündeln und neue Wege zu gehen. Keine Angst, ein bißchen rheinisch wird wohl immer dabei sein, dazu entspricht es einfach zu sehr meiner mediterranen Lebenshaltung. Nachdem ich Ihnen (ich hoffe doch, daß ich Ihnen den Mund ein bißchen wässrig gemacht habe!) auch nicht genau sagen kann: „Das und das werde ich in den nächsten zwei Jahren angehen und so und so stelle ich mir das alles vor", kann ich nur hoffen, daß der eine oder die andere unter Ihnen mich begleiten werden - vielleicht im Konzertsaal, vielleicht bei einem Abend mit Liedern von mir, vielleicht im Buchhandel oder auf CD. Wer weiß, was die nächste Zeit bringt. Ich weiß nur, daß es spannend werden wird für mich.

Also: drücken Sie einem die Daumen, der wieder einmal in seinem Leben ins Risiko fährt, weil es ohne es kein Künstlersein gibt.